師匠 歌丸

背中を追い続けた三十二年

桂歌助

イースト・プレス

師匠 歌丸

背中を追い続けた三十二年

桂 歌助

師匠歌丸を中心に門下が集合。
右から、枝太郎、歌助、歌丸、歌春、歌若、歌蔵。

はじめに

高座に上がって落語を演じるにあたり、噺《はなし》の本題の前にやるのが「まくら」。「まくらを振る」なんて落語では表現する。噺と関連したことをしゃべるのが一応、基本ということになっているが、まったく関係ないことを話しても、誰にとがめられるということもない。

出囃子が鳴る。舞台の袖から登場して座布団に座り、お辞儀をして、会場を見回して、ひと呼吸置いてから話し始めるわけだが、お客さんが少なくて、拍手もまばらだったら、わざと「盛大な拍手をありがとうございます」とやるとウケることが多い。

寄席《よせ》ではたまに「桂歌助《かつらうたすけ》と申します。桂歌丸《うたまる》の二番弟子です」と続けることもある。それから「師匠・歌丸」に関するネタをいくつかまくらに振ると、お客さんは喜んでくれる。「歌丸の二番弟子」、このフレーズをいままで何度、使わせてもらったことだろう。

初めて桂歌丸の門を叩いたのは一九八五年。前座になったのが翌八六年だから、落語家になって三十二年が過ぎた。

入ったときは兄弟子に桂歌春《うたはる》がいたから「二番弟子」だが、歌春が最初に入門したのは先代の二代目桂枝太郎《えだたろう》。二ッ目《ふため》のときに師匠が亡くなったので、歌丸に再び弟子入りした。だから歌丸にとって直弟子として、前座、二ッ目、真打《しんうち》と師弟の関係で共に時間を過ごしたのはわたしが初めてということにだ。

新潟県十日町《とおかまち》出身で、母校・十日町高校の数学教師になろうと東京理科大学で学んでいた学生が突然、落語家を志す。無口で口べた、そんな変わりダネの入門を許し、一人前になるまで育ててくれた。

現在、落語家は全国で約八百人いる。講談や浪曲といった江戸時代から続く寄席芸の人口が減っていく中で、落語家だけは増え続けている。昔は若者だけだったのが、最近ではオジサン、オバサンがこの世界に足を踏み入れ、消えていく。

師匠がいて、弟子がいる。師匠から弟子にバトンが渡されるのはこの世界のつねであり、そうやって落語は江戸時代から現在に至るまで、歴史のタスキをつないできた。

落語家が弟子をとる場合、角界と違って、ひとりいくら、と協会から育成金をもらえるわけではない。「自分がそうされたから」という理由と、「落語を後世につなげる」という目的で弟子をとり、育てる。完全なボランティアだ。縁もゆかりもない、血のつながりのない弟子を育てるのだから、当然、悩みや葛藤も生まれる。

わたしにも数々のしくじりがあった。そのあたりのことも本書で記した。また、歌丸がわたしを自分の子どものようにして育ててくれたことも、初めて本書の中で紹介する。「笑点」の歌丸とは違った素顔の歌丸、そして数々のドキュメンタリー番組などでとり上げられてきた歌丸とは別の、裸の歌丸を見つけてもらえればうれしい。

本書は、偉大な「師匠・歌丸」の背中を永遠に追い続けていくわたしの成長の記録でもあり、師匠の弟子であることの誇りを表明したものでもある。

なお、本文中の敬称は、軽快にお読みいただけるよう配慮したため、師匠、兄《あに》さん、様、先生等を省略させていただいたことをご容赦願う。

桂歌助

【もくじ】

第一幕 入門

最終幕　それから

第一幕

入門《にゅうもん》

直訴

本当は教師になるつもりだった。

だが、わたしはいま、落語家になるため、桂歌丸の弟子になるため、未来の師匠の家に向かっていた。


十月とはいえ、暑かった夏のなごりか、歩くと汗が噴き出してきた。

東京理科大学に入学したころから、いや、もっと前から教師になるという夢を描いていた。だが、それはもしかして「夢」ではなかったのかもしれない。がんばれば手の届く現実的な「就職先」として考えていたのかもしれない。その証拠に理科大の四年生のいま、それまでの人生で縁もゆかりもなかった「落語家」に本気でなろうとしているのだ。

横浜にある歌丸の家の住所は意外と簡単にわかった。当時は個人情報保護など世の中が小うるさいことを言わない時代だったのも幸いした。何かの本に番地までの詳細な住所が載っていたのを見つけていた。

事前に訪問するむねを連絡しているわけではない。いわゆる押しかけ談判だ。家のすぐ近くとおぼしき駄菓子屋で「歌丸さんのお宅はどこですか？」。「ああ、それならあそこだよ」。店番をしていたおばあさんはわたしのことを不審がるわけでもなく、あっさりと教えてくれた。下町なのだ。

歌丸の家は、長屋が建ち並ぶ狭い路地を入ったところにあった。

表札には歌丸の本名である「椎名巌《しいないわお》」と「桂歌丸」が並んで書かれてあった。

なんとかそこまでたどり着いて、わたしははっとした。

なんか手土産のひとつも持ってくるべきだったな、と。

約束もなくいきなり「弟子にしてください」と訪ねていくのに、手ぶらというのはどうだろうか。失礼なヤツだと追い返されたらどうしよう。

わたしは考えた。「師匠の家がわかったから、とりあえずきょうは帰ろう」と。大学生だから、日中時間をつくるのは簡単だ。で、そのまま帰ってきてしまった。

数日して、今度こそと勇み立って最寄りの駅におり立った。

場所はすでにわかっている。道を教えてくれた駄菓子屋をのぞくと店番をしているおばあさんがうたた寝をしていた。さわやかな秋の午後だ。

今度こそ、の思いで玄関の前に立った。そこでわたしは思った。

「師匠に会ったらまずなんと言おうか？」

「弟子にしてください」が普通だろうが、もっと違った言い回しがあるのではないか？

「現在大学四年生で、生まれは新潟県十日町。雪深いところです。縁があって師匠の落語に触れ、感服、感涙し、すっかりとりこになってしまいました。以来、寝ても覚めても頭の中は師匠の落語のこと。末は高校の数学教師になろうかと考えていましたが、それをいまやきっぱり、すっきりあきらめ、落語家を目指すことに決めました。どうか、どうか弟子にしていただきたく、こうしてはせ参じた次第……」。なんて都合のいい口上をいまならすらすら言えるだろうが、当時は頑是《がんぜ》無い大学生。さあなんて言おうか。考えれば考えるほど、頭は真っ白になる。

思い切って呼び鈴を押そうと手を伸ばすが「やっぱり何かあいさつを考えてから……」とおじけづき、結局直前で手を引っ込めてしまう。

今度こそ！　いや、ダメだ……それから何度も呼び鈴を押そうとした。だが、どうしても押せない。この期に及んで、何をしているのか。だが、呼び鈴を押してしまえば、もう引き返せない。入門が許されてもそうでなくても、自分の運命を決めてしまう。だから、呼び鈴を押す勇気がどうしても出なかった。

結局「弟子入りをお願いするときに言うべき言葉を考えてから来よう」と自分に言い訳をし、またそのまま帰ってきてしまった。

一度ならず二度までもだ。何をやっているんだろうね。

歌丸詣ででお百度を踏むつもりなのか、わたしは。

「よし、呼び鈴を押す勇気が出ないなら、師匠が出てくるところを待ちぶせしていればいいや」とプランを変更し、数日して再び歌丸の家を訪ねた。

おかみさん

歌丸の家を訪ね続けるうちに、季節はすっかり秋めいてきた。

わたしは東京理科大学の留年を決めていた。必修科目とゼミの単位を落とし、来年は理科大での五年目を迎えることになる。

土曜日だったので、電車は空いていた。駅に着いたのは朝の八時ごろ。さすがにこの時間なら歌丸も家にいるだろう。

今度こそ、入門を直訴しなければ。三度目の正直だ。

家に着くと、玄関の引き戸が開けっ放しになっている。

こんな早い時間に来たにもかかわらず歌丸は出かけて家にはいない様子だった。「笑点」の収録かもしれない。

待ちぶせ作戦失敗か？

わたしは家の中をのぞき込むようにして、ふと下を見ると、しゃがんで片付けをしていた美しい女性と目があった。歌丸の奥さんである冨士子《ふじこ》さんだ。

驚いたのなんの。歌丸に会ったら、こう言おうと思ったセリフが口をついて出た。

「あっ、すみません、入門したいんですけど」

おかみさんは言った。

「あたしに？」

まさか。

落語家の女房とはかくあるべし。

「お父さんは留守なの、ちょっと待ってて」と言っておかみさんは、スケジュールを見て、

「あさっての夜、若竹《わかたけ》に行きなさい。お父さんに言っておくから」。

歌丸の弟子は上から歌春、わたし、歌若《うたわか》、歌蔵《うたぞう》、三代目枝太郎の五人。そんななかでおかみさんに入門を直訴したのはわたしだけだった。まるで与太郎のようだ。

本当に行くべきか

入門を直訴するために歌丸の家には三度通った。にもかかわらず「入門させてください」と直訴したのは歌丸のおかみさんにだった。

わたしは自分の名前すら名乗っていない。いわばどこの馬の骨かもわからないヤツだ。そんな若造に「若竹に出てるから行け」と言ってくれた。だが「何時に行け」とはおかみさんは言わなかった。もしかしたらそれを口実に追っ払われただけかもしれない。

わたしは帰ってから、大学の親友・高村にきょうあったことのいきさつを話した。

「あさって師匠のところへ行ったほうがいいのかな?」

高村はわたしが所属していた同じＥＳＳ、英会話サークルの部員だった。しばらく考え

た高村は、「行かなきゃ歌丸さんに会えないでしょ。行かないとダメだよ。もしすっぽかしたら次はないよ」。

言うとおりだ。持つべきものは親友だ。

「若竹」は、当時、東京・江東区の東陽町にあった寄席だ。いま「笑点」に出ている六代目三遊亭円楽《さんゆうていえんらく》の師匠、五代目圓楽《えんらく》が建てた。

一九七八年落語協会を脱会した六代目三遊亭圓生《えんしょう》について、弟子だった圓楽らも脱会。その弟子、つまり圓生の孫弟子にあたる人たちも大勢脱会。協会に反旗を翻したわけだから、協会とつながっている寄席に圓楽一門は上がることができずにいた。

ホールや小さな会場を借りて、自前の一門会をやるしかなかった。だから「若竹」はかねてより念願だった圓楽一門、自前の寄席だ。

一九八五年四月にオープン。寄席の総合プロデューサーでもある「席亭」に就任した圓楽は、このことで多額の借金を抱えたと言われる。

当時、やっていた「笑点」でも、「圓楽の借金」がよくネタになっていた。圓楽いじめの急先鋒が歌丸だったわけだが、それは「笑点」のなかだけ。お互いの芸を認めあい、同じ「笑点」メンバーとして戦友のような関係だったのだろう。だから歌丸は、「若竹」で何度も落語会を開いている。

オープンして半年の「若竹」では、歌丸の総領弟子、歌春の真打披露興行の真っ最中だった。

いまみたいにスマホなんてないから、「若竹」に電話をして聞いたら、公演は夜だった。

「心細かったら、俺がついていってやろうか？」と高村は言ってくれる。

心細いどころではなく、緊張で「やっぱり落語家になるのはやめた」とすべてを投げ出したい気分だ。

「いや、ひとりで行くよ」

歌丸に会って入門を直訴しないことには何も始まらないではないか。意を決してＥＳＳのディベート大会で着た一張羅のスーツに着替えた。頭の中には歌丸の出囃子「大漁節」が鳴っていた。

一次面接

歌丸が出ていた「若竹」は、一階が喫茶店で、二階が受付と客席。三階に楽屋があった。

受付とチケット売り場が一緒になっていて、もぎりをしていたのはわたしよりも若いお兄さんだった。着物を着ているからたぶん落語家の卵なのだろうが、高座に上がるより土俵に上がったほうが似合っている風体だ。

意を決してわたしが「歌丸師匠に弟子入りに来ました」と伝えると、彼は「承っておきます。下に喫茶店があるから、そこで待っていてください。歌丸師匠には伝えておきますから」と人懐っこい笑顔を見せた。

そして楽屋につながっている電話の受話器をとると、「歌丸師匠に弟子入りしたいという、怖そうなお兄さんが来ています。下の喫茶店で待ってもらいますね」。

この人が六代目三遊亭円楽の弟子で、三遊亭楽大《らくだい》。その後、落語家からタレントに転身した伊集院光《いじゅういんひかる》さんだった。

名前を告げずに「弟子入りしたい」という希望だけ言って姿を消した怪しいヤツの言葉を、おかみさんはちゃんと歌丸に伝えてくれていた。

さらに歌丸は、「きょう弟子入り希望が来るから」と受付にも通しておいてくれたのだ。喫茶店におりて待っていると、すぐに師匠がやってきた。

トリは歌春で、歌丸は仲入り後の出番だ。

まだ着替えをしておらず、洋服姿だった。

「あのー、弟子になりたくて来ました」

歌丸の前で直立不動のわたしは、なんとか言葉を絞り出した。

「まあ、おかけなさい。かみさんから聞いていますよ。コーヒーでいいかな？」

「はい」

コーヒーをふたつ頼むと、歌丸は奥の席に腰をかけて、わたしにも座るよう促した。

わたしは初めて生の歌丸と向かい合った。

眼光は鋭いが、表情は穏やかだ。

わたしは、「どうぞ」と歌丸にすすめられるまま、運ばれてきたコーヒーカップを持とうとするのだが、震えてうまく持てない。

「いま何をやっているんだい？」

「学生をしています」

「どこに通ってるの？」

「東京理科大学です」

「どうするつもりだったんだい？　大学で勉強して」

「は、はい。学校の先生になるつもりだったんです」

「そうか」と歌丸は、タバコを一本取り出し、ライターで火をつけて一服吸うと、じっとわたしの目を見て、言った。

「そのままの道を進んだほうがいいよ」

すんなりと弟子入りのOKが出ないことは予想できた。

こういう質問が来るだろうと事前にわかってもいた。

緊張はすでに頂点に達している。だが、ここで「はいそうですか」とあきらめるわけにはいかない。

「なんとか弟子にしてください」

歌丸の目を見て言った。

「気楽そうに見えるけど、落語家なんてものは、そう簡単に食えるもんじゃありませんよ。最低でも前座修業に四年から五年、二ツ目で十年以上かかる。きみはいま何歳かね？」

「二十三歳です」

「なら真打になるのは四十も間近のころだ。四十にもなれば普通に就職したきみの友達は、会社で仕事をして、社会的な地位も得ているころだろうね。結婚もし、子どもを育て、家も持ってね。まわりがそんなふうにしているのをよそに、きみは食うや食わずの生活をしていかなければいけない。それが落語家というものですよ。耐えられますか？」

わたしを諭すようにそう言って、二本目のタバコに火をつけた。

のちに知ることになるのだが、歌丸は最初に入門した師匠の古今亭今輔《ここんていいますけ》のもとをいったん離れ、化粧品のセールスをしながら赤貧の生活を送ったことがある。

筋金入りの貧乏経験者でもある。

「耐えられます。弟子にしてください」

わたしは下腹に力を込める。

そんな問答をくり返し、タバコが何本か灰になったころ、歌丸は根負けしたというふうに言った。

「親は承知しているの？」

「はい」

冷や汗が出た。

親は承知しているも何も、わたしは母親に「落語家になるから」と一言告げただけだ。

それに対する答えを聞かずにいた。でもそんなことを正直に告げるわけにもいかない。

「きみはオチケン（落語研究会）とかやっていたのかい？」

「いいえ。やっていません」

「それはいい。オチケンにいると変な癖がついていけない」

歌丸の反応を見て、これはなんとか弟子入りが許されるかもしれないとわたしは思った。

「あときみは決まった宗教はやっているかい？」

「いいえ、何も……」

時計を見て席を立とうと身体を浮かせかけた歌丸は、「もう一回、ウチに来なさい」と言い残して伝票を取り上げた。

ものの十五分ほどのことだったが、ものすごく長く感じた。

立ち上がって歌丸の背中に頭を下げながら、わたしは「入門させてくれるかもしれない」という手応えを感じていた。

生い立ち

わたしは歌丸の二番弟子だが、よく人から聞かれることがある。

「なんで東京理科大学を出て落語家になったの？」

わたしが入門した当時は理系の大学出身の落語家は珍しく、畑違いだとお客さんにもよく驚かれた。そして「なんで歌丸さんに弟子入りしたの？」ともよく聞かれる。

歌丸を選んだ理由を話す前に、ここで少しだけわたしの話をしたい。

わたしが生まれたのは新潟県の十日町市というところ。五人兄妹の三男だ。

実家は十日町の駅前通りで「越後屋」という土産物屋をやっていた。兄妹こそ五人と多かったけど、ごく普通の家で育った。

落語家はひょうきんな人が多いと思うかもしれないが、わたしは照れ屋で無口な子どもだった。人を笑わせるムードメーカーみたいなタイプの子どももいるが、そんな子とは程遠かった。幼いころは身体も弱く、ぼんやりと物思いに耽《ふけ》っていることなんかもあった。

そんなわたしが小学校に上がってから出会ったのが野球だった。

当時は、少年がやるスポーツといえばサッカーではなく野球の時代。とくに地元の十日町は野球が盛んで、各町内にひとつずつ少年野球チームがあった。わたしも小学一年生のときから野球を始め、それから野球一筋の生活が始まった。

つまり、少年時代は「落語」の「ら」の字にもまったく触れない生活を送っていたのだ。

勉強のほうは、幼いころから理数系が得意だったけど、国語はさっぱりできなかった。高校は、公立校に進学し、中学校時代にも増して、野球に打ち込んだ。目標は当然、甲子園出場。とにかく毎日が野球漬けだった。

三年生のときはキャプテンも務めた。県予選を戦い、ベスト8まで進むことができたが、それ以上には行けなかった。そのときの甲子園に出場した選手には、横浜高校の愛甲猛や早稲田実業の荒木大輔がいた。

甲子園の夢破れたわたしは、得意の数学を生かして数学教師になろうかな、と現実的な目標を立てていた。

さらに教師として母校に戻り、野球部の監督になって、甲子園に出場したいという夢もあった。今度は監督の立場で、叶えられなかった夢にもう一度挑戦したかったのだ。

そのころになっても、落語家になろうなんてことは微塵も考えていなかった。たまにテレビで「笑点」を観ることはあった。

新潟県出身の林家《はやしや》こん平《ぺい》は「新潟のチャーザー村出身」をネタにしているし、興味がないわけではなかったが、将来、師匠になる歌丸のことは「ツッコミがキッそうなおじいさんだ」ぐらいにしか思っていなかった。

高校卒業後は浪人することになったのだが、じつは当時、わたしは東京大学を志望していた。落語家ではなく、東大で野球部に入り、そして教師になって、母校に凱旋《がいせん》する夢を抱いていたのだ。

でも甘かった。受験の数学ではそこそこ勝負ができる自信はあった。わたしが受験した年は、共通一次試験が始まって二年目だったが、もともと苦手分野だった古文と漢文がまったくできなかった。

結果として、一浪して東京理科大学理学部数学科に入ることになった。

甲子園にも行けず、東大進学もあきらめ、挫折感いっぱいのまま大学生活が始まった。

無口な学生

歌丸は中学生のころから人前で落語をやっていたという。

ところがわたしは、野球部でもまれたくせに性格は引っ込み思案のままで、おまけに無口のままだった。新潟から単身乗り込んだ東京はどこへ行っても人だらけで、いつまでたってもなじめなかった。

悶々とした日々を送っていたころ、ひょんなことから知り合ったのが、前述した同じ新潟出身でわたしと同じ数学科の同級生・高村だった。

彼は実家が建設会社をやっていて、わたしが下宿していた神楽坂の安アパートと違って、同じ神楽坂でも高台のマンションに住んでいた。

無口で孤独な大学生だったわたしを、同郷のよしみか「俺、ＥＳＳに入るけど、おまえもどう？」と誘ってくれた。

大学でできた唯一の友達からの誘いに飛びついた。

理系の大学に入って、なんで英語？　などとは思わなかった。英語は将来、必要になるかもという軽い気持ちだった。

理科大には一応、オチケン（落語研究会）もあった。

「ちょいとそこに行くおにぃさん、僕たちと一緒になかに繰り出して、甘納豆食べようよ」なんて誘いに乗って、オチケンに入っていたら、わたしは落語家にはなっていなかった。適当に落語を楽しんで、満足してそのまま終わっただろう。

ＥＳＳで鍛えられたおかげで、英語はみるみる上達した。

自由にしゃべれるようになりたい

ところが日本語となると、つっかえつっかえしかしゃべれない。

将来は高校の教師になるつもりでいる。教壇に立って生徒の前で上手に話ができないとそれこそ話にならない。

何かいい方法はないか。たまたま行った図書館で見つけたのが落語のテープだった。これを聴いて話し方の練習をしようと思った。

図書館に並んでいたテープの落語は柳家小《やなぎやこ》さん、古今亭志《し》ん生《しょう》、三遊亭圓生、古今亭志《し》ん朝《ちょう》のもの。でも、名人たちが語る古典落語の名作を差し置いて、わたしが好きになったのは五代目古今亭今輔の「ラーメン屋」だった。

閉店間際、老夫婦だけでやっている小さなラーメン屋に入った男。腹を空かしてラーメンを三杯おかわりしたもののお金はない。「俺を無銭飲食で警察に突き出してくださいよ」という男の願いに老夫婦は……っていう新作の人情噺だ。

この「ラーメン屋」をしゃべっていた古今亭今輔こそ歌丸の最初の師匠だった。

テープで聴いた落語の世界に登場する住人たちのなんと自由でおおらかなことか。八っつぁんとご隠居が出てくる噺にしても、八っつぁんは目上の人に対して好き放題にツッコミを入れ、ご隠居はそれを軽く流してしまう。

わたしは口べたで、大勢の人の前だととつっかえて冗談ひとつ言えない。

ところが「落語国」の住人たちはわたしが言えないようなことを好き勝手に言っている。そんな世界の噺を落語家みたいに自由にしゃべれるようになりたい、と思うようになっていった。

ひょんなことから落語と出会った。だが歌丸と出会うにはもう少し時間がかかる。

図書館で借りていたテープには歌丸のものもあった。だが、落語を聴き始めたばかりのわたしにとっては、少し難しいなという印象だった。

歌丸への道

歌丸落語の魅力を知る前に好きになったのは、わたしが所属している落語芸術協会の大先輩である三笑亭笑三《さんしょうていしょうざ》だった。落語が好きになって、足しげく通った新宿末廣亭《すえひろてい》、池袋演芸場、浅草演芸ホールの高座での、ひょうひょうとした話しぶりに好感が持てた。

「切手を貼らずに手紙を出す方法」なんて世間話のような軽い内容がまたおもしろかった。

ＥＳＳは、四年生まで続けた。最後は高村が会長で、わたしが副会長だった。

一九八五年、わたしは四年生になって、就職活動の時期を迎えていた。

「高村、おまえはどうするつもりだ？」

「俺はどっちにしろ将来はオヤジのあとを継がないといけないし、どっかの会社に入ってしばらくはこっちにいるよ。そっちは？」

「う〜ん、やっぱり地元に戻って数学の教師になろうかな？」

「おまえは真面目だし、きっといい先生になれるよ」

教師志望を口に出してはみたが、迷ってもいた。

「数学の教師になって母校の十日町高校で教えながら、野球部の監督になる」は大学に入ってからの既定路線で、両親もそれを望んでいたと思う。

でも、大学生活を続けているうちに入学前ほど数学の教師になる魅力が見いだせなくなっていた。

当時は全国で校内暴力の嵐が吹き荒れていたころでもある。母校がそうだとはかぎらないが、教師という職業を選択したからには、多少なりともそういう問題と向き合わなければならない。仮に不良高校に赴任したら、不良たちと真正面から向き合って、更生させたうえに正しい道へと導く熱血教師になればよいのだろうが、わたしはそんなタイプではない。おまけに新潟県内の公立高校の募集定員は「若干名」。おそらく合格するのは何百人に一人だろう。ギャンブルのようなものだ。

それより何より、幸か不幸か、わたしは落語と出会ってしまった。

埋もれた噺に息を吹き返す

そんなとき、たまたま見たNHK教育テレビの番組に歌丸が出演していた。それは落語を聞いて、江戸時代の風俗や習慣を学ぼうという内容だった。

歌丸が番組でやったのは「藁人形」だった。糠屋《ぬかや》の娘・おくまと、その情人《いろ》で願人坊主《がんにんぼうず》・西念《さいねん》のやりとりがおどろおどろしい噺で、寄席でもあまりやらないネタだ。

寄席にネタとして上がらない噺というのは、たいていつまらない、お客さんにウケない噺だ。だが歌丸は一席演じたあと、「埋もれてしまった噺を見つけ出して息を吹き返すのをライフワークにしている」と話していた。

「藁人形」の噺の内容はともかくとして、「埋もれた噺に息を吹き返す」という仕事がことのほか魅力的に思えた。だって故郷に戻ろうかどうしようか、東京の泥沼に半ば埋もれかけていたのが当時のわたしだもの。

わたしが初めて落語っておもしろいなと思うきっかけをつくったのが古今亭今輔のやった「ラーメン屋」。そして歌丸が最初に入門したのは今輔。歌丸は今輔につながる人だ。

落語家になりたい。歌丸に入門したい、という思いが強くなっていった。

二次面接

横浜にある歌丸の家へ三度通って、おかみさんに入門を直訴。当時、東陽町にあった圓楽一門の寄席「若竹」で直接歌丸に会って、改めて入門したいむねを伝えた。若竹で別れ際に「数日後、ウチに来なさい」と言われていたため、わたしは再び歌丸の家に向かった。

弟子入りをお願いするまでに何度も通ったから、勝手知ったる道だ。若竹で弟子入りを許可されたわけじゃない。きょうはもっと込み入った話とか落語についての見識とかを聞かれるかもしれない、なんて考えていた。

歌丸の家に到着すると、歌丸は「来たのか」と一言。おかみさんも「あら、このまえはどうも」と、家事仕事に戻った。

歌丸は居間の椅子に座って、テレビでニュースを見ている。テレビから目を離さずに「そこへおかけ」と言った。わたしは、何を聞かれるのか？　と身構えて席についた。

だが、しばらくたっても歌丸は何も言わず、ただテレビを見ているだけだ。

「最近はいやなニュースが多いねえ」

「はあ……そうですね、いやになりますね……」と世間話をする。

いつまでたっても本題に入らない。また同じような世間話を二、三交わしたところで、歌丸は二階の自室に上がっていった。わたしもとりあえず、あとをついていった。

歌丸は部屋でもテレビをつけた。今度はニュースではなく、自分が出演した昔の「笑点」をチェックしている。

畳に正座し、わたしも一緒に笑点を見る。感想を聞かれるのかとも思ったが、歌丸は何も言わない。

わたしは何か言わなきゃと思って、「昔の『笑点』ですよね」「このときのお題は……」と話しかける。だが、歌丸からの反応はない。

のちにわかったことだが、歌丸は昔の「笑点」を見ながら、あのときの回答はどうだったか、どうすればもっと笑いをとれたのか、ほかの師匠方とのバランスはどうかなど、自分で自分を分析していた。それはものすごい集中力で、頭をフル回転させている。

だから、わたしの話など耳に入ってなかったのだ。

なんとなく、これ以上何か話しかけないほうがいいなと思って、ただじっと歌丸が「笑点」を見ているのを眺めていた。

しばらくすると突然、「お疲れさん、次は三日後に来なさい」と言われた。

「ただ黙ってテレビを見ているだけで気の利いたことは何も言えなかったな……」と落ち込みながら帰り支度をしていると、歌丸がおかみさんに「おい、びきせんあげて」と促した。

わたしは「びきせん」という名のおせんべいかビスケットでももらえるのかと思い、「はい、ありがとうございます」と言いながら、両手で器をつくって差し出した。

歌丸は「違う、そうじゃないんだよ」と笑った。

おかみさんも笑いながら財布から二千円をとり出して歌丸に渡し、歌丸はそれを「交通費だよ」と言って、わたしの手に握らせた。

「びき」というのは、落語界の業界用語（符丁《ふちょう》と言う）で「二」を意味するものだった。

歌丸は「おせんべいあげな」と言ったのではなく、「二千円あげな」と言ったのだ。

わたしは恥ずかしいのと恐縮するのとで、顔が真っ赤になってしまった。

その日はそれで帰った。歌丸は弟子入りを許可するとは言わなかった。だがまた次も来いと言われているのだから、望みはある。


指定された日に再び訪れると、歌丸はまた二階の部屋でテレビを見ている。このあいだも見ていた過去の「笑点」や阪東妻三郎さん主演の時代劇などを見たりしている。

前回話しかけても反応がなかったので、わたしもただ正座して、それをじっと見ていた。しばらくするとこのあいだと同じように、「お疲れさん、次は四日後に来なさい」と言われ、わたしは帰る。落語の話もしないし、掃除をしろとか、身の回りの世話をしろとかも言われなかった。肝心の「弟子入りしていいですよ」も言われない。

それからそんなことが何回か続いて、さすがに不安になってきた。


ＥＳＳの部室で高村に会ったので、相談した。

「何度も家に行っているのに、歌丸さんは弟子になっても良いとも悪いとも何も言わない。しかも、何かしろとか手伝えとかも言われないし、どうなっているんだろう」

「たぶん、試されているんじゃないかな？」

「試されるって？」

「イエスでもノーでもない中途半端な状態にわざと置いておいて、落語家になりたいという熱意を見ているというか。就職活動で言えば、二次面接とか三次面接とかの状況なんじゃないの」と額に手を置いた。

何か思いついたときにする高村の癖だ。

「じゃあ、このまま通い続けたほうがいいってことかな」

「当たり前だろ。行ったほうがいいよ」

十月三十一日、横浜の三吉《みよし》演芸場でやっている歌春の真打披露を舞台袖で見た。わたしもいつかそうなれるのか、それとも弟子入りすら断られてしまうのか、不安な気持ちだった。

そのあとも言われるままに、歌丸の家に通い続けた。

何度も通っているのに、やっていることは初訪問のときと変わらない。雑用を頼まれるわけでもなく、歌丸と部屋でただ黙ってテレビを観ているだけだった。二階にある歌丸の部屋は畳なので、ずっと正座してテレビを観ていると足がしびれる。

そうするとわたしは一階におりて、今度は椅子に座っておかみさんとテレビを観て、猫や犬とじゃれあったりしていた。

合格発表

こうして歌丸詣でを続けるうちに、いつのまにか師走になっていた。

弟子入りを志願してから二ヵ月近く、歌丸からはまだ弟子になっていいとも、悪いとも言われていない。

歌丸が飼っていた犬や猫たちともスキンシップをくり返しているからだいぶ仲よくなった。

その日、昼ごろ、うちを訪ねると歌丸がいた。

「おまえちょっとこっちに来なさい」

いつもとは少し調子が違う。

歌丸の部屋に呼ばれると、なぜかおかみさんも一緒についてきた。

「そこにお座り」

ただでさえ狭いところにもってきて、六畳間にはビデオやら本やらがところ狭しと置かれている。

「二カ月、見させてもらったけど、弟子にとることはできないよ」なんて言われて、弟子入りの道は閉ざされてしまうのか？　それにしてはおかみさんを同席させるというのは変だ。

歌丸は、筆ペンを出すと白い紙に、「歌児《うたじ》」と書いた。

「落語協会には三遊亭歌司《うたじ》っていう師匠がいるけど、まあ前座のあいだだけだからいいだろう。桂と三遊亭の違いもあるしな」

歌丸が書く字はくせ字だが味がある。

いきなりのことに目を丸くしているわたしに、「おまえの名前だよ」。

こうしてわたしは落語家・桂歌児になった。

歌丸が中学校三年生のときに古今亭今輔に入門してもらった名前が「今児《いまじ》」。「歌」と「今」こそ違え、「児」は同じだ。わたしに「歌児」と名前をつけた歌丸の思いはどこにあったのか？　聞いたことはない。だが、歌丸の前座名から一字をもらったのは身が引き締まる思いだった。

両親に「落語家」宣言

一九八五年の師走、ついに歌丸から入門が許された。

学校の教師になるために学費を出して、わたしを大学に行かせてくれた親を前にして正式に「落語家」になると宣言するために、正月には十日町の実家に帰った。

三月には上越新幹線と東北新幹線の上野駅乗り入れが始まっている。だがわたしは交通費を節約するために鈍行列車に乗った。

もう後戻りはできない。親の意見も聞かずに落語家になったのだから、やめるという選択肢はない。

わたしは落語家には向かない人間だと思っている。引っ込み思案で無口。しゃべりも得意ではないから、マイナスからのスタートになるだろう。もう後戻りはできないのだ。

雪が降っていた。すでに一メートル以上積もっている。

実家に戻って、その夜は兄妹交えての家族会議となった。

「正式に歌丸一門の弟子にしてもらえることになった。名前もいただきました」

「落語家なぁ、なんでまたわざわざそんな……」

わたしの話を聞きながら、父は熱燗《あつかん》をコップ酒でぐいぐいとやっている。

久しぶりに見る父はいつのまにか頭に白髪が増えている。髪の毛も少し薄くなったようだ。

「大学はどうするんだ？」

「通うよ。もちろん」

「両立できるのか？」

登校するのは週に一回で、歌丸からも許しを得ていることを伝えた。

「学費はどうするつもりだ」

「それは出してもらいたい」

「仕送りは？」

わたしは毎月、親から生活費を送ってもらっていた。

「それはなんとかなると思う。バイトで貯めたお金もあるし……」と見栄を張ってはみたものの、仕送りなしで学生生活を続けていく自信はない。

「もし俺が許さないと言ったらどうする」

父の目がまっすぐわたしを見つめる。

「それでも落語家になるよ」

まっすぐ父の目を見返した。

五人兄妹の三番目で、男の兄弟では末っ子だったから、自由にやらせてもらっていた。父親は「おまえは三男だから好きなことをしなさい」と、大学まで行かせてくれた。母親はわたしが母校の教師になって、戻ってくるのを心待ちにしている。それなのに、わたしはなんて突拍子もないことを言い出したのか。心が折れそうになる。

「こいつがそこまで言っているのだから、やらせてやればいいんじゃないか」

助け船を出してくれたのは長兄だった。高校三年生のとき、家出したわたしを迎えに来てくれたのも長兄だ。

「う〜ん、しょうがないな。学費は出してやる。生活費は自分でなんとかしろ。それとちゃんと大学は卒業すること。教員免許は必ずとりなさい」

父は残った酒を飲み干した。

東京・深川で生まれた父だ。戦時中、疎開で親類のもとを頼ったのが縁で十日町の人となった。土産物屋を開く前は、隆盛を極めた地域の織物業からの資金をあてにして、銀行を立ち上げたりと家族のためになんでもやった。「三男坊だから好きなことをやっていい」と言う半面、自分とは違って学校の教師のような一生続けられる仕事について、堅実な人生を送ってほしいと考えていたのかもしれない。

落語家になろうなんてわたしはどんな親不孝者なのだろう。せめて落伍者《らくごしゃ》にはなるまい、と思った。

父は健在だが、教師という安定した職業を棒にふり、落語家なんて浮き草稼業についた無鉄砲な三男坊を温かく見守り続けてくれた母は二〇一七年の十一月に他界した。

みそ汁の冷めない距離に

歌丸に弟子入りすることが正式に決まり、わたしは落語家と大学生の二足のわらじを履くことになった。二月に入ってそれまで住んでいた東京の小岩から、横浜にある歌丸の家から歩いて七分のところにあるアパートに引っ越した。

小岩からだと、歌丸の家まで一時間ぐらいかかる。歌丸から何か言いつけられたときすぐに用を足すには不便だ。

落語家の弟子の生活は、師匠の家に同居する「住み込み」と、住まいは別で、師匠の家に通う「通い」がある。わたしは「通い」だったが、歌丸の家とみそ汁の冷めない距離に住んだ。

弟子の義務として、毎朝、歌丸の家に顔を出す。

「おはようございます」

つとめて元気に声を出す。禅宗ではないが行住坐臥《ぎようじゆうざが》、日常の立ち居振る舞いすべてが修業だ。

「何かお手伝いすることはありますか?」

掃除、洗濯、犬の散歩……なんでも率先して行うのが弟子の義務だ。

ところが歌丸の家は建坪十一坪の小さな二階建てだ。掃除をするといってもたかがしれている。洗濯など家事一切も、わたしがやる前にすでにおかみさんが終えている。

おかみさんは糟糠《そうこう》の妻で、歌丸とともに極貧時代を生き抜いてきた人だ。わたしの出番はほとんどない。

わたしは家の玄関を入ってすぐの狭い場所で正座をして何かを言いつけられるのを待っている。

おかみさんは「いいのよ。椅子に座っていても」と言ってくれるが、それもまたつらい。そうしながら朝ご飯をいただき、昼食をともにし、夕食まで一緒にいただいて下宿に戻る。

兄弟弟子

歌丸にはわたしを含めて五人の弟子がいる。

一番上の総領弟子が歌春。もともとは先代の二代目桂枝太郎の弟子だったが、師匠が亡くなり、歌丸のところへ来た。わたしが入門したときは歌春が歌丸について七年目、ちょうど真打になるタイミングだった。面倒見のよい「兄さん」で、わたしが入門してから何度も助けてくれた。そして次にわたし。そして歌若、歌蔵、末っ子の三代目枝太郎へと続く。

歌若は青森県出身。酒があまり飲めない。わたしと一緒に落語教室をやったり、老人ホームの慰問公演を行ったりもしている。

歌蔵は、もとロックミュージシャンで、ボクシングライセンスも所持しているという変わり種。いまは海外公演と執筆活動にも力を入れている。

そして枝太郎。真打昇進と同時に大名跡を継いだ。能・狂言を題材にした噺をこしらえるのもうまい。歌丸が「笑点」に出演するときは枝太郎がおともをする。山田隆夫《やまだたかお》さんの手伝いで、座布団運びでテレビに登場することもあった。

枝太郎以降は弟子をとっていないから、いまは全員が真打である。師匠の身の回りの世話は普通、前座の仕事だから、歌丸一門にかぎっては「真打」が「真打」である師匠のお世話をする。それぞれ自分の仕事があるからスケジュールをやりくりして、助け合いながらやっている。

歌丸一門で前座、二ツ目、真打になったのはわたしが最初だった。無口で不器用な性格もあいまって、数え切れないくらいのしくじりをやらかした。「こうしたほうがいいよ」と言ってくれる人はいない。その点、わたしが入った翌年に入門した歌若をはじめ、おとうと弟子たちは振る舞いがよかった。なぜなら、わたしが失敗するのを参考にしていればいいのだから。上がダメだと下は賢くなる。愚兄賢弟を地で行くのが歌丸一門だ。

初稽古

晴れて入門が決まり、歌丸から最初に教わった噺は「新聞記事」だった。

歌丸の稽古は、自宅の二階の六畳間か、仕事部屋として借りていたマンションの一室でやっていた。

差し向かいで座布団に座る。歌丸は、着物姿のこともあれば、洋服の上に浴衣などを軽く羽織っていることもあった。

「いいかい、よく見て聴いているんだよ」とまずは一席通してしゃべってみせる。

そして次に細かいしぐさなんかを丁寧に教えてくれた。

「八っつぁんがしゃべるときは、こっちに顔を向けて、ご隠居はこっち」

「八っつぁんとご隠居は声の調子が違う。ご隠居はゆったりと」

歌丸が教えてくれるのは、上下《かみしも》の振り方など、落語のいろはだ。

落語はあらゆるしぐさを演じながら話を進めていく。小道具として持つことを許されているのは扇子《せんす》と手ぬぐいだけだ。

落語は大きく分けて古典、新作とあるけど、明治時代にできた「新聞記事」は新作落語の範疇《はんちゅう》に入る。土台は上方《かみがた》落語の「阿弥陀池《あみだいけ》」。たまたま読んだ新聞記事に「天ぷら屋の竹さんが殺された」とあったというフェイクニュースをもとにしたご隠居と八っつぁんのやりとりがおもしろい。新作とはいっても噺の内容はいまでは古典になってはいるが。「新聞記事」は身振り手振りなどのしぐさをともなう仕方話の一種。「懐から匕首《あいくち》を抜くと、胸をめがけてぶすりと突いた」とか「〝やっ〟と切りつけたところを木刀でピシッと打ち込むと手がしびれて日本刀を投げ出してしまう」なんていう動作を、刀や木刀に見立てた扇子で演じなければならない。

日本舞踊を習い、「勉強するためには歌舞伎をたくさん観ろ」とつねに言っているだけに歌丸の所作はすばらしい。所作が見事にセリフと連動しているのだ。

昔、落語の稽古は「三遍稽古」なんていって、師匠が三回やってみせて、それで覚えろと言った。メモをとったり、テープに録音したりするなんてもってのほか、なんていうものだったらしいけど、歌丸はテープに録音するのは許してくれた。だが所作をビデオにとるわけにはいかないから困った。

「覚えたらわたしの前でやってごらん」っていう約束で、下宿先に帰ってから録音した歌丸の話を一言一句もらさずノートに書き取る。歌丸はかなり滑舌がいい。それでも聞き取れない箇所があるから、それは適当な言葉で書いておく。あとはノートを見ながらぶつぶつと声に出してやってみる。寝る前にぶつぶつ。起きてぶつぶつ。寝ているときも夢の中でぶつぶつやっている。

「師匠、できました」

「そうか。よしやってごらん」

頭を下げて、歌丸に教えられたとおりに演じ始める。

「おまえは新聞というものを読んだことがあるか？」

「冗談じゃありませんよ、ご隠居」

「ならば近ごろどんな記事に目がいった？」

きょうは調子がいい。つっかえずにできている。なのにどうしてだ。歌丸の表情が曇ってくる。

「もういいよ。やめな」

「すみません。次回まで勉強し直して参ります」

「そうじゃないんだよ。落語家になるのをおやめ。おまえは見込みがないから、学校の先生になりなさい。もうクビだ」

たった二ヵ月の落語家生活だった。

涙がとめどもなく流れていく……なんてところで目が覚めた。

わたしは夢の中で泣いていた。


「見込みがなかったらやめさせますよ」。歌丸はことあるごとにわたしに言った。

わたしが入る前に歌丸に入門した人がいたらしい。だが、「見込みがない」とやめさせられた、風の噂でそんな話も聞いている。

「できました……」と歌丸の前でやるが、聞き取れないままノートに書き写した箇所で「わたしはそんなことは言っていない」とダメ出しを食らう。かといって「師匠、聞き取れなかったのでもう一回、やってください」などと言える雰囲気ではない。

「新聞記事」、何度やっても仕上がらない。

歌丸は、わたしが噺の途中でつっかえても、所作が変でも激したりせず、丁寧に稽古をつけてくれた。だが、ことあるごとに「見込みがなかったらやめさせるよ」とは言う。わたしの目を見て、真顔で言うのだ。

その言葉を聞くたびに、「本当にやめさせられるかもしれない」と思った。

歌丸はいまでこそ古典落語の大御所のように言われているけど、最初に門を叩いたのは先代の古今亭今輔。のちにわけあって桂米丸《よねまる》の弟子になるが、ふたりの師匠はともに古典ではなく新作落語で名を売った。師匠がそうだから当然、歌丸も最初のころは新作をやっていた。

だから、七年ぶりの弟子であるわたしの初高座が準新作の「新聞記事」だったのには、深い意味があったのではないかといまでは思う。

そんな恩にもわたしは応えることはできなかった。うまいことといけば「新聞記事」をやって、一月三十一日の三吉演芸場の歌丸独演会で初高座という線もあったが、「こんなのではとても高座に上げるわけにはいかない」って、それもあえなく潰えた。

歌丸からプレゼント

「見込みがなかったらやめさせます」と言っていた歌丸だが、わたしをやめさせることはなかった。

あるとき、歌丸が言った。

「おまえ、高座で着る着物がいるね。あしたお昼ごろ、うちにおいで。仕立屋さんに来てもらうから」。そして翌日、歌丸の着物をつくっている仕立屋が家まで来て、わたしの寸法をはかってくれた。わたしは案山子《かかし》のように立って、仕立屋のおばあさんと、歌丸の言われるままにした。

「着丈《きたけ》」「袖丈《そでたけ》」……いまでこそわたしは着物で生活しているが、当時そんな言葉はわからない。

仕立屋と歌丸とのやりとりで交わされる言葉は暗号のようだった。

こうしてできあがったのが紬《つむぎ》の高座着と楽屋で働くときに着るウールの着物だった。いまではウールの着物なんてほとんどないけれど。

着物の着方、たたみ方などは歌春に教わった。

師匠が弟子に着物をつくって与えるということは、当時当たり前のことだと思っていた。だが、いままで三十年以上落語家生活を続けてきたが、よその師弟の場合はあまりそういうことはしていないように思える。

師匠は弟子に「浅草に安く着物を売っているところがあるから行って買ってこい」とアドバイスする程度。払いは自前……これが普通だ。

落語家として経験を積んできたいまだからこそ、歌丸はこんなにわたしのことを思っていてくれたのか、とわかる。

演目変更

そうまでしてもらったのに、「新聞記事」は完成のめどが立たない。一月を外すと、次の三吉演芸場は三月三十一日。正味二カ月しかない。歌丸はわたしのデビューはひいきのお客さんが多い三吉で、と決めていたふしがあるから、これはなんとかしないと、ということになった。

「『新聞記事』は続けて稽古しなさい。きょうから『道灌《どうかん》』をやるから……」

と歌丸に言われた。

「道灌」は、「牛ほめ」「子ほめ」「たらちね」などと並んで「前座噺」のひとつ。「柳家」などを名乗る「柳派」に入門した弟子がまず師匠から習うのはこれ。登場人物が少なく、演じ分けが比較的楽で、ご隠居と八っつぁんとのやりとりなど落語の基本がひとつの噺のなかにつまっていると言われている。

「なんだ、ななへやへ、花は咲けどもやまぶしの、みそひとだると、なべとかましさ、こりゃ都々逸《どどいつ》か？」

「てめぇは歌道《かどう》が暗ぇな」

「角が暗ぇから、提灯借りに来た」

「道灌」のさげまでなんとかたどり着いた。

おじぎをして顔を上げると歌丸はふーっとため息をついて、じっとわたしの目を見る。

「それじゃ、お客さんは笑わないよ」と言う。

「いったいどうしたらいいんです」とわたしは言いたい。せめて笑わせる方程式があるなら教えてほしい。

わたしは新潟出身だし、人前で話すのはもともと得意じゃない。歌丸は小学生のころから落語家を目指し、中学校時代にはすでに余興として人前で落語をやっていたという。そんな歌丸から見たらわたしはとんでもなく不器用に映ったはずだ。

落語家になるための見込みがあるかないかは何が基準になるかというと、どれだけ辛抱できるかだと思う。その点、わたしは雪国出身だから辛抱強い。

歌丸はわたしに「三遍言ってもダメならもう何も言わないよ」とつねに言っていた。

わたしは一遍だけ言われたことはできない、二遍目もダメだったことは多いけど、三遍目にはなんとか帳尻は合わせた。ボクサーで言うタイトロープ防衛みたいなもので、なんとかギリギリのところで踏みとどまった。

なんで「新聞記事」ができなくて、「道灌」ができたのか？

「新聞記事」はいまでは最初から最後まで無難に演じることはできる。ただどこかに内容とか登場人物たちの会話のやりとりで、「こんなのでお客さんは笑うのかな？」という違和感がある。しぐさや口調がおおげさ。一言で言うと噺がクサい。その点、「道灌」にわたしはぴったりとハマった。まあそんなことは当時、わかっていたわけではなくて、のちに考えたこと。

前座時代に何回も「道灌」はやったけど、「歌児の『道灌』はいいね」とあちこちでおほめの言葉をいただいた。

これまで稽古したネタが三百席ほどあるが、噺との相性が悪いというか、やりにくいネタもある。

歌丸がわたしに最初に稽古をつけてくれた「新聞記事」はそんな噺のうちのひとつだ。

いよいよ初高座

「勉強させていただきます」

袖に控えている兄弟子・歌春にあいさつして、高座に飛び出した。途端に頭の中は真っ白になった。

出囃子の音も、お客さんの拍手も、もう耳に入らない。高座の座布団までどうやってたどり着いたのだろう。おじぎをして顔を上げた。立錐《りっすい》の余地もない客席から寄せられるいっぱいの視線を感じた。

逃げ出したくなった。いま座っている座布団が心許ないほど狭い。そして自分がなんと小さくてみじめなことか。

「明るく、はっきりと、口を大きく開けて元気よくしゃべるんだよ。教えたとおり一言一句間違いなくおやり」。稽古のとき歌丸はくり返し言った。

「こんちは」「おや八っつぁんか、しばらく顔、見せなかったな、こっちにお入り」。一九八六年三月三十一日、横浜三吉演芸場でわたしは、「桂歌児」として初めて高座で「道灌」を演じた。

本来なら大学を卒業して、故郷の新潟県十日町の高校で数学を教えていたかもしれなかったのに。わたしは教壇に代わって高座で、生徒の代わりにお客さんたちの前で話していた。

「途中でつっかえたら首根っ子つかまえて引きずりおろしてこい」。歌丸から袖にいる歌春に指令が飛んでいる。なんとも乱暴な話だが、わたしはこの話を聞いて逆に安心した。「つっかえても兄さんが舞台から無理矢理おろしてくれるからいいんだ」ってね。

「七重八重　花は咲けども山吹の　みの一つだに　なきぞ悲しき」

「道灌」で語られる和歌じゃないけれど、首根っ子つかまれておろされて、初高座の前座が座布団の上に「身の一つだになきぞ悲しき」なんてことにならなかったから、最後までなんとか演じることはできたのだろう。出来はどうだったか？って。聴いていてくれたのかはわからないけど、歌丸から何も言われなかった。たぶんそれはそれはひどいものだったと思う。

いまになってわかることがある。ここ三吉演芸場のお客さんの温かさに後押しされて初めて務められたものだった。

三吉演芸場はもともと大衆演劇の小屋。客席は二百席（当時）で、歌丸はここで一、三、五、七、十月の三十一日に独演会をやっていた。それも一九七三年からっていうから、すでにわたしの初高座のときまで十三年間。新しく覚えた噺をお客さんの前で披露する「ネタ卸」をここでやったりもしている。

この日は兄弟子・歌春の真打披露から間もない時期だったから、一番弟子の晴れ舞台と、新しく入ったばかりの直弟子の初高座をお見せする、ぐらいの気持ちだったのだろう。お客さんはみんな歌丸びいき。だからわたしの噺の出来、不出来がどうの、というよりも「今度、歌丸さんのところに入った弟子はどんな子だろう？」という好奇心と、そんな新弟子を「温かく迎えてやろう」という雰囲気が、わたしが高座に上がる前にできあがっていたのだと思う。

三吉演芸場は歌丸のホーム中のホーム。身内のようなお客さんの前で初高座に上げてもらったわけだけど、これも歌丸の愛情だろう。

人の初高座を聴く理由

歌丸のホームグラウンドで無事に終わったわたしの初高座。お目付役の歌春のほか、舞台袖で聴いていたのは当時、二ツ目で春風亭愛橋《しゅんぷうていあいきょう》だった現在の瀧川鯉昇《たきがわりしょう》だ。

「歌児、愛橋くんが言っていたぞ。『師匠に似てないね』って」

歌春が、その日の会が終わってからわたしに言った。

歌丸も歌春もわたしの初高座について、何も言っていなかったから、愛橋の一言が、わたしの初高座に対する唯一の客観的なコメントで、いまでもこの言葉は覚えている。

真打になったいまもそうだけど、わたしたち落語家は初高座に立ち会えるときはなるべく聴くようにする。教育のため？　まさか。将来、ライバルになるかもしれないヤツを早めに見極めるため……なんてたいそうなことではなく、しくじるのをおもしろがって、のちに楽屋でネタにするためだ。「初高座のときはこうだった」なんて本人はもとより、ほかの人に言いふらすためにね。

愛嬌がわたしの初高座を聴いて、言った感想、「師匠に似てないね」には違う意味もある。芸のレベルはともかくとして、弟子がやる噺、それも「師匠の噺をそのままコピーしてしゃべる」初高座は少なくとも師匠に似ていて当然、の認識があったのではないか。つまり「似てないのはおかしい」ということだ。でも、落語を始めて数カ月の人間が、名人の歌丸のようによどみなくしゃべるなんてことは、どだい無理な話だ。

「笑点」以外の歌丸

歌丸の芸とはなんなのか？　いまでも何かの折に、考えることがある。歌丸が稽古をつけてくれた噺をそっくりそのまま真似《まね》ることからわたしの落語は始まった。そしていまでもつねに歌丸を意識しながら高座でしゃべってはいる。だけど……。

わたしの落語会に来てくれるお客さんのなかで、初めて落語に触れたという方も多い。「『笑点』は観ていたけど、落語っておもしろいものですね」とか「『笑点』と落語は別物ですね」なんて声を聞くことがある。日本全国、落語イコール「笑点」の大喜利と考えている方も多いのだろう。放送開始から五十年を超える国民的人気番組だから、しょうがないのだろうが。そんな方たちにとって歌丸は「笑点」の出演者であり、司会者という認識だ。だが、歌丸は「笑点」のスーパースターである以前に落語家だ。それも「本寸法《ほんすんぽう》」の。

座布団のやりとりをする頭のはげたおもしろいおじいさんだけではなく、高座では座布団の上に座って、ときに一時間以上の落語もやる。

二〇一七年八月にも、国立演芸場で鼻に酸素吸入器をつけて、長講一席四十五分の「牡《ぼ》丹灯籠《たんどうろう》」を演じた。鬼気迫るような高座が「24時間テレビ」とかの番組で放送されて初めて、「歌丸って落語もやるんだ」「歌丸の落語ってこういうものなんだ」と認識された方もいるかもしれない。

歌丸の落語を聴いた方はわかるのだろうけど、歌丸の噺は調子が独特だ。滑舌がよくてよどみがない。話のひと息が長い。そのまま真似しようとすると途中で息切れするぐらいだ。最初から最後までテンポが同じで、お客さんをそこに誘って最後まで乗せていく。聴いていて心地よい。

現在、肺気腫を病んで、酸素吸入器をつけているから昔に比べて息切れするのが早くなってはいるけど、「ひと息が長い」のは歌丸の身体能力からくるものかもしれない。肺気腫の患者は、定期的に血中の酸素濃度を検査する。健康な人は九六〜九九%ぐらいらしいのだが、歌丸は六〇%だという。結果を見た医師が首をかしげていた。

「師匠、普通なら死んでいますよ」と。

素潜りの漁師になったら成功を収めていたかもしれない。


「歌助師匠の趣味は?」なんて人から聞かれたときに、「歌丸の噺を聴きながら、昼寝をすることです」なんて言う。噺が退屈ということではなく、聴いていると気持ちよくなって眠りを誘う。前座時代も、厳しい修業と慣れない生活に疲れてしまったこともあったが、夜布団をかぶって、歌丸の落語を聴くと疲れがとれて「またがんばらなくちゃ」と元気が出た。歌丸の落語には不思議な癒しの力がある。

「笑点」で「山田くん、円楽さんの座布団、ぜんぶ持っていって」なんてシーンを見ているだけではわからないかもしれない。いまに至るまで似せようと思っても似せることができない、歌丸の話芸は唯一無二なのだ。

新作から古典へ

さっきも書いたように、歌丸が師事した今輔、米丸はともに新作落語の名人で知られていて、歌丸も最初は新作落語が主だった。米丸のところへ移ったあとの「化粧」という噺は有名で、女性が化粧をするところをリアルに演じて、客席を沸かせた。

そんな歌丸が古典落語に力を入れ始めたのは、今輔が亡くなり、三吉演芸場での独演会を始めたころ。わたしが入門したときは、貪欲に古典を手がけている時期だった。だからわたしは歌丸の新作はほとんど生で聴いたことがない。

古典は古典でも、歌丸の古典は、いままで誰もやってこなかった作品を掘り起こしたものばかりだ。「質屋庫《しちやぐら》」「佐々木政談」「万金丹《まんきんたん》」「おすわどん」「井戸の茶碗」「竹の水仙」「ねずみ」「紙入れ」「城木屋《しろきや》」「お見立て」「鍋草履《なべぞうり》」「壺算《つぼざん》」「尻餅」など、これまでおもしろくない、って思われていたような演目の魅力を引き出して、お客さんを笑わせてきた。

そして歌丸は圓朝《えんちょう》ものにもチャレンジした。圓朝とは、落語界の神様と言われている明治に活躍した三遊亭圓朝のこと。圓朝は多くの落語を残したけど、とくに怪談ものはやるのも聴くのも難しいって、歌丸がやるまでは落語家からは敬遠されてきた。

でも歌丸はそんな圓朝ものにも果敢にチャレンジをして、見事に完成させている。

そういった意味でも落語の世界に多大な貢献をしてきたのが、わが師匠・歌丸だ。

落語家ってなんだ

現在、日本には約八百人の落語家がいる。

そのほとんどが、東京に拠点を置いている公益社団法人落語芸術協会（桂歌丸会長）、一般社団法人落語協会（柳亭市馬《りゅうていいちば》会長）、五代目圓楽一門会（三遊亭好楽《こうらく》会長）、落語立川流《たてかわ》（土橋亭里う馬《どきょうていりゅうば》代表）と、大阪に拠点を置く公益社団法人上方落語協会（笑福亭仁智《しょうふくていじんち》会長）に所属している。わたしが所属しているのは落語芸術協会だ。

フリーで活躍している落語家はいるにはいるが、いずれの方も過去にどこかの協会や団体に所属する師匠に弟子入りをし、修業を積んだのち破門や自主退会など何かの理由で独立した人たちだ。

落語家には医師や弁護士などのように国家ライセンスがあるわけではない。

日本で八百人ということはつまり、世界中で八百人しかいないということだ。生息数は絶滅危惧種となっているマウンテンゴリラより少し多いぐらいだ。

いまは落語ブームだから、毎日どこかでいろいろな落語会をやっている。会が終わったあとに、お客さんを交えて一杯飲みながら「打ち上げ」を行うこともちょくちょくある。そんなときは落語家という絶滅危惧種と直接ふれあうこともできる。

落語家が活躍する舞台は、まずは寄席。東京には毎日落語の公演を行っている定席が四つ。新宿末廣亭、浅草演芸ホール、池袋演芸場、上野の鈴本《すずもと》演芸場で、国立演芸場がそれに準ずる。大阪には天満《てんま》天神繁昌亭《てんじんはんじょうてい》がある。ほかに横浜のにぎわい座、名古屋の大須《おおす》演芸場などが定期的に落語の興行を行っている。わたしは横浜にぎわい座で毎年独演会を開いている。四百人入る会場だが、ありがたいことにいつも満員のお客さんに来ていただいている。

寄席のほかには「ホール落語」と言われるものがあり、時には千人以上入るホールで公演が行われている。

落語家は、座布団一枚と高座があれば演じることができる。だから公民館、学校の体育館、老人ホーム、温泉場、料亭、居酒屋、個人のお宅やお座敷など、どこでもいつでもお呼びがあれば出向いていく。考えてみれば便利な商売である。

歌丸一門の掟

初高座が終わり、弟子としての生活が本格的に始まるとき、歌丸から呼び出された。

「話があるからこっちに来なさい」と言われ、歌丸の部屋で差し向かいに座った。

「落語家にとって、もっとも大切なものは何かわかりますか」

いつになく真剣な目だ。すごく大事な話をされているのがわかった。

「えっと、噺をたくさん覚えて、お客さんをいっぱい笑わせて……」

わたしは必死に答えた。

「芸を磨くことは当然です。でもその前に、あいさつをきちんとすること、時間をきっちり守ること、お金の貸し借りはしないこと。これが大事です。芸ができればあとはなんでもいいという人もなかにはいるかもしれないが、わたしのところではそれは許しません。お客さんにも同じ落語家にも、そのほかの人たちにも、歌丸の弟子として、これだけは最低限心がけてください」

わたしは歌丸の話をかみしめるように「はい」と答えた。

そして歌丸は、こう続けた。

「この世界、いろんな人がいます。わたしはいつも『ほめる人は敵と思え、叱る人は味方と思え』と思っています。叱ってくれるというのは、あなたのことを思ってのことです。お客さんでもほかの師匠でも、叱ってくれる人のことを大切にしなさい」

歌丸はじっとわたしの目を見た。

この言葉があったから、どんなにつらいことがあっても、わたしは落語家をやめることなく、続けられてきた。

入門してからいままで、歌丸がわたしをほめたことは、ただの一度もない。

厳しい教え

芸を教えるだけが、師匠の仕事ではない。

あいさつや時間、お金のことは基本として、それ以外の生活上の所作についても厳しく指導された。

　座布団の位置が少しでもずれていてはダメだし、箸のあげおろしや置き方もきっちり教えられた。着物のたたみ方、掃除の仕方、数え出したら、キリがない。

最初のころは、一挙手一投足を注意されるような緊張感があった。

　これまでの自分流のやり方や常識は通用しない。

弟子になるということは、芸を受け継ぐだけではない。ありとあらゆることを師匠から教えられたとおりにやらなくてはならない。それが師弟関係というものだ。だが、歌丸は几帳面《きちょうめん》な性格で、わたしは不器用。はじめのころはなかなか言われたとおりにできずに、大変だった。

歌丸家の食卓

入門したてのころ、胃袋の面倒を見てくれたのがおかみさんだった。

「夕飯ですよ」とおかみさん。

テーブルには、煮物など大皿に盛られたおかずが並んでいる。

歌丸とおかみさんと一緒に座って、わたしも手料理をいただく。

わたしは兄妹五人のなかで育ったせいか、食べるのが早い。おまけに大食いだ。落語でも「居候三杯目にはそっと出し」なんて言う。遠慮しているつもりでも、あっという間に茶碗のご飯がなくなってしまう。

やさしいおかみさんに「おかわりは?」なんて言われると三杯が四杯に……。

痩せている歌丸は食が細い。小鳥が餌をついばむように長い時間をかけてちびりちびりと食べ進む。

歌丸が食べているのに、わたしだけ食べ終わって席を立つわけにもいかない。

だから余計、すすめられるがままに食べてしまう。

最初のころこそ、「まあよく食べる子だわ」と鷹揚《おうよう》に構えてくれたおかみさんだったが、わたしの食べっぷりに、大皿に盛られていたおかずがいつのまにか一人前ずつ別盛りになった。

「食客《しょっかく》」なんていう言葉があるけど、歌丸のところに来た今度の弟子は「食客」は「食客」でも人一倍、よく食う客だ。

無限の愛情

師匠・歌丸を語るうえで、決して外してはならない話をする。

三食食べさせたうえに、落語の稽古をつけ、行儀作法や人生のいろいろなルールまで教え込む。落語の世界では、師匠は弟子に見返りを求めない無限の愛情を注ぐ。

だが住み込みの場合は別として、食事の面倒ぐらいは多少見るけど、住むことに関しては自力でなんとかしろ、が落語界のルールだ。いや食事も住まいも自分でなんとかしろ、という師匠がほとんどなんじゃないだろうか。

入門を志願しに師匠のところへ行ったら、「しばらくは食えないからアルバイトをして二百万円貯金をしてから来なさい」と言われた、という話も聞いたことがある。

入門が許され、わたしは歌丸の家から歩いてすぐのアパートに引っ越した。

そのとき、歌丸がわたしに言った。

「何かと生活も大変だろ。家賃のことは心配しないでいいよ」と。

わたしが引っ越したアパートの家賃はすべて歌丸が持ってくれたのだ。

仕立屋に採寸させて着物をつくってくれたり、アパートの家賃を払ってくれたり、落語界では弟子に対して師匠がそうするのは当たり前だと思っていたが、とてもまれなケースだということはしばらくたってから知った。

余談だが、わたしは親戚を保証人にして部屋を借りたけど、わたしが入って一年後に入門した歌若のときは歌丸が保証人にもなった。

学費は払うけど、生活費はなんとかしろと親には言われているから仕送りはすでに途絶えている。歌丸の援助は非常にありがたかった。生活の心配をせずに、前座修業に専念できたからだ。

歌丸は落語や生活態度のことについてはすごく厳しかった。でも、その半面、面倒を見すぎるぐらい見てもらっていた。七年ぶりの弟子だったわたしに対しては、落語界の掟破りの過保護ぶりだったと思う。

なぜ歌丸がわたしに対して、そうしてくれたのか？

それは「落語」という芸を後世に残したい、弟子には芸をしっかり磨いてもらいたいという思いがあったからではないか。

ありがたいという気持ちもあったが、そのぶん、しっかりやらなきゃなという身の引き締まるような思いもあった。

日本一恵まれた前座に

歌丸から家賃の援助を受けて、住むところがあり、しかも歌丸の家で三食食べさせてもらえるから、生活には困らない。恵まれた環境でめきめき落語も上達して……とはならなかったから情けない。

だがそんな乳母日傘《おんばひがさ》のようなぬるま湯生活は二週間も続かなかった。

まず音を上げたのがおかみさんだった。

子どもふたりの世話があって、そこにわたしが加わったわけだから、三食食事を用意するのも大変だ。さすがにわたしも歌丸の家に一日中いることもなくなったが、ご飯のたびに家へやってくる。用事を言いつけられないから帰る前におかみさんに「夕飯のおかずはなんですか？」などと無粋なことを聞いてしまう。だって共通の話題もないのに、何か会話をしなければならないと思うから、つい食事の話が口をついて出るのだ。

おかみさんから笑顔が消えて、心持ちやつれたように見える。そんなある日、夕食のあと二階にある歌丸の自室に呼ばれた。

正座をして緊張しているわたしに「歌児、かみさんがきのうおまえが帰ったあとに、『わたしはあの人のお給仕で一日を暮らしているんです』って言うんだ」。

「はぁー」

ポカンとしているわたしに「おまえのことだよ」。

歌丸はわたしをにらみつけた。

それからはアパートの家賃を払ってくれたうえに、一カ月ぶんの食費をおこづかいとして渡してくれることになった。

わたしは「師匠のおかみさんを給仕」にした挙げ句、日本一恵まれた前座になることとなった。

［仲入り］

噺と病気

歌丸が病弱なのは、いまに始まったことではない。

高齢だから身体が衰えているだけではない。わたしが弟子入りをした三十二年前から、歌丸はしょっちゅう入院をしていた。弟子入りしてすぐのころ、病院に行くのが日課になった。入院している歌丸を看病するためだ。おかみさんが病室に来るまで、身体を動かせない歌丸の世話をするのが仕事だった。

それから歌丸の入院は何回になったのだろうか。十回はゆうに超えている。いったい何回入院し、何種類の病気を患ったのか。だが、そのたびに歌丸は高座に復活した。そしてそのたびに新しい境地を切り開いてきた。その姿はまるで不死鳥のようだった。

歌丸の病と歌丸の噺は、不思議とつながっている。病を患った歌丸でないとできない渾身の笑いをつくって演じた。どんなに体調が悪くても、高座ではその片鱗すら見せない。「笑点」と同じような軽妙さでお客さんの笑いを誘った。

このコラムでは、歌丸の闘病とその都度立ち上がってきた歌丸の得意演目に関して、弟子の目線から語ってみたい。

❶ 「質屋庫」と脊柱管狭窄症

歌丸は腰が悪い。わたしが前座のころからだから、ずいぶん昔からだ。腰の痛みの影響か、足がしびれる、痛いともよく言っていた。はじめのころは坐骨神経痛だと疑っていたが、のちに脊《せき》柱管狭窄症《ちゅうかんきょうさくしょう》だと診断され、手術も行った。背骨をステンレスの支柱で支えて痛みをなくすというもので、当時は最新の手法だった。

ちょうどそのころ、耐震基準に満たないマンションやビルの建設が発覚し、大きな社会問題になっていた。連日連夜、建築物の耐震補強について報道されていた。歌丸の背骨にボルトでつけた二本のステンレスも、まるで耐震基準に満たないビルに補強で入れる鉄骨のように思えた。

しかし歌丸は、のちにこの手術を受けたことを非常に後悔することになった。身体が年とともに変化し、ステンレスの支柱が肉を圧迫して皮膚が盛り上がってしまったのだ。背骨はS字にうねって、腰のあたりにこぶのようなものができていた。

寝ているあいだにこぶが床にあたって床ずれを起こし、歌丸はひどく痛がっていた。

そのため、今度はステンレスを取り外す手術を行った。脊柱管狭窄症の痛みよりも、支柱が肉を圧迫する痛みのほうがひどくなってしまったのだ。

支柱を取り外して、一見落着……と思ったが、そうはならなかった。今度は支柱をとった場所にできものができてしまい、床にあたると非常に痛いという。できものが床にあたらないように、横向きで寝るしかない。歌丸は夜、熟睡できなくなってしまった。

歌丸は昔から、幽霊やお化けが出てくる落語を得意としている。

落語のおもしろさって何？　と百人の落語家に聞いたら、百通りの答えが返ってくる。立川談《だん》志《し》は「人間の業の肯定」と答え、古今亭志ん朝は「狐や狸が出てくるところ」と答えた。答えは異なるが、どちらも落語という芸を的確に言いあてている。

歌丸なら、「幽霊やお化けの業の肯定」と答えるかもしれない。それほど歌丸の噺には幽霊やお化けがたくさん出てくる。

陰気なものとされている幽霊を明るく生きいきと演じるのだが、それがまったく不自然ではない。落語の世界では狐や狸がしゃべるのが当たり前だが、歌丸は幽霊やお化けも軽妙な口調で人間のように演じ、その世界観を広げた。

歌丸の芸に大きく影響を与えたのは、先代の古今亭今輔、桂米丸、三遊亭圓生、それに上方落語の桂米朝《べいちょう》だ。今輔と米丸は歌丸の師匠だから、影響があるのは当たり前といえば当たり前。圓生と米朝は、歌丸に骨格や風貌が似ていて、そんなところから影響を受けたのかもしれない。そして圓生と米朝はふたりとも名人芸の師匠だ。

米朝の「地獄八景」は、人間の死後の世界を描いている。これはすべての落語の死生観の基本となる噺だ。落語は、いま生きて目に見える現実の世界と、寝ているときに見ている夢の世界、死んだあとに行く地獄極楽の三つの世界で成り立っていて、しかもその三つの世界は自由に行き来することができる。それが落語の世界だ。

そのなかで歌丸は、死後の世界に光をあてた米朝の「地獄八景」に負けないものを描いてきた。宮崎駿監督のアニメ映画、「となりのトトロ」や「もののけ姫」「崖の上のポニョ」「千と千尋の神隠し」などと同じ路線だといえる。

とくに「質屋庫」は、歌丸の十八番《おはこ》だ。

質屋の番頭と出入りしている職人の八五郎が、化け物が出ると噂されている質屋の庫へ、その正体を確かめにいく。蔵に行くと、なかから大きな物音がし、戸を開けてみると、化け物や幽霊たちが飛んでいる。番頭と八五郎は驚いて、腰をぬかしてしまう。

お相撲さんから預かったという帯と羽織が相撲を取っていたり、菅原道真公が現れたりする。

預かった品の持ち主の気が乗り移って、幽霊や化け物となって出てくる噺だ。

現実と夢とあの世の境目の不思議な世界にお客さんを引っ張り込みながら、帯と羽織が相撲を取るシーンでは、その時々で言い回しを変えて、現実に引き戻す。そのとき話題になっているお相撲さんの名前をとり入れることで、不思議な世界からリアルな世界へと意識を戻すことができるのだ。まあ、最近の大相撲は洒落《しゃれ》にならない事件が多く、歌丸もその部分の言い回しを時流に合わせて変えることがなくなった。この世とあの世の世界を自由に行き来できる落語の世界よりも、いまの世で起きていることのほうがよほど恐ろしいというのもおかしな話だ。

さて、この噺の歌丸の最大の見せどころが、番頭と八五郎が腰をぬかすシーンだ。

腰をぬかして這《は》いずって逃げたりするさまをとおして、怪談噺の恐怖感と落語ならではのコミカルな雰囲気を絶妙に表現する。怖すぎてもだめ、おもしろすぎてもだめ、そのちょうどいいところをしぐさひとつで演じてみせる。こんな演じ方ができるのも、脊柱管狭窄症を患った経験があるからだ。腰が動かせない状態での身体の動きを学んで、芸に生かしている。

何度も患い、何度も入院し、何度も復活する。そしてそのたびに患った経験が芸に生きている。転んでもタダでは起きないわが師匠である。

第二幕

前座《ぜんざ》

同期

一九八六年三月三十一日、横浜三吉演芸場の「道灌」で、初高座をつとめたわたしは、四月一日から落語芸術協会に「桂歌児」として登録された。同期は桂がた治《じ》（十一代目桂文治《ぶんじ》）と桂よー丸《まる》。よー丸は二ツ目になってから廃業した。いまは一般人として生活されているそうなので、仮名でご勘弁いただきたい。

「がた治」の名前で前座デビューした十一代目文治は、十代目桂文治の内弟子。中学生のころから落語家を目指し、高校生のころには「弟子入りお願いします」「なら高校を卒業してからな」ということで、夏休みのときには先代の文治師匠のところに下宿していた。

わたしよりも五歳年下だが、すでに落語界の水にはなじんでいる。というより八の字眉毛が特徴的な顔も、よく通る声も天性の素質がある落語家なのだ。

前座見習い

歌丸の弟子として四月一日からは「前座見習い」というかたちで寄席にも出入りするようになった。

楽屋でわたしは、会う師匠、会う師匠、みなさん初対面。名前も知らない。

一方のがた治は……。

「おっ、文治師匠のところに入った新弟子だな。がんばりなさいよ」

「がた治です。○○師匠、ありがとうございます。一所懸命務めます」

前年の十二月末に行われた納会にも師匠に連れられて出席しているがた治は、すでに先輩師匠連のなかにも顔見知りが多い。

先輩師匠連に新入りを紹介するのは、前座たちを取り仕切る四年目の「立前座《たてぜんざ》」の役目。楽屋で「今度、歌丸師匠のところに入った歌児さんです。よろしくお願いします」。

「歌さんところの弟子ね。しっかりやりなさいよ」と温かい言葉をかけてくれる師匠もいれば、「ふーん」と一言、あとは興味なさそうにしている師匠もいる。歌丸の下ではどうせ長くは続かないだろう、ならば言葉を交わすのも無駄と言わんばかりだ。

まずは師匠の顔と名前を覚えることだ、と出番表を見ながら、あいさつをした師匠の特徴などをメモしていくのだが……。

あるとき、立前座が忙しくて、楽屋入りした師匠にわたしを紹介する余裕がなさそうなときがあった。だからわたしはその師匠に自分で、「歌児です。今度歌丸のところに……」とあいさつした途端、その師匠は途端に不機嫌になって、「俺のこと覚えてねーのか」とぷいと横を向いてしまった。歌丸の顔に泥を塗る大失態だった。

歌丸流、前座の身のこなし方

前座見習いとして寄席の楽屋に出入りする前だったと思う。

歌丸のかばん持ちとして出かけたときのこと。交差点で歌丸が足を止めた。

「歌児、あの信号の色は何色だ？」

「赤です」

「赤じゃなくて、あれは青だ」

何を言い出すのかと思ったが、師匠の言うことは絶対だ。歌丸だから、というわけではない。落語の世界では、先輩や師匠が言ったことに盾をついてはいけないのが常識だ。

だからわたしは「すみません、青でした」と答えた。

「そうだ青だ。だから渡りなさい」

目の前を車がひっきりなしに通り過ぎていく。ここは渡るべきか。渡ったら交通事故に遭うだろう。歌丸は止めてくれるのか？　躊躇《ちゅうちょ》しているうちに信号が青に変わった。

「歌児、いいかい、こういうときは〝わたしはかばん持ちなので師匠、おさきにどうぞ〟ぐらい言うもんだ」

歌丸の口元にはかすかに笑みがこぼれていた。

あの言葉は、初めて楽屋入りする弟子へのはなむけだったと思っている。「理不尽な言いつけに対してはシャレで返せ」という。

前座仲間

四月一日から前座見習いになった歌丸の弟子であるわたし、十一代目桂文治のがた治、桂よし丸の三人のほか、当時前座として働いていたのは春風亭昇八《しょうはち》（現・昇太《しょうた》）、三遊亭遊吉《ゆうきち》、三遊亭遊《ゆう》ぼう（現・とん馬《ば》）、春風亭べん橋《きょう》（現・八代目柳橋《りゅうきょう》）、三遊亭いるか（現・二代目圓丸《えんまる》）、三遊亭おまえ（現・遊之介《ゆうのすけ》）、二ッ目で廃業した春風亭天吉《てんきち》の七人。天吉もいまは一般人として生活されているようなので仮名で通すことをお許しいただきたい。

当時は落語芸術協会が上野の寄席鈴本の高座に上がることができなくなった時期と重なり、入門者が少なくなったころでもあった。

前座修業はだいたい四年で、昇八、遊吉、遊ぼう、べん橋は二ッ目昇進を目の前にしている。前座の数が圧倒的に足りない。

だから寄席の楽屋仕事をする前座はのどから手が出るほど欲しい。

ゴールデンウイークは落語芸術協会にとって毎年、真打昇進披露興行を行っている。すでに桂富丸《とみまる》と桂伸乃介《しんのすけ》が真打になることが決まっていて、興行の準備も進んでいた。

真打披露興行は落語芸術協会にとって寄席興行の柱でもある。お客さんも入るし、高座には真打披露の口上をつとめる大看板の師匠連もとっかえひっかえ上がることになる。

そんな師匠たちの身の回りの世話ができる「使える前座」がなるべくなら多く欲しいのだ。

ところがわたしは週一回、大学に通う学生と落語家の二足のわらじだから、なかなか学生気分が抜けなかった。

わたしは歌丸の家から歩いて七分のところのアパートに住んでいたから、朝、顔を出して歌丸やおかみさんにあいさつをして、用事があれば用事を済ませてから、最初のころは食事もいただき、寄席へと向かう。

寄席が済むと今度は逆コースをたどってアパートへと帰り着く。週に一回、これに通学が加わるだけで、忙しいが単調な毎日だ。

大学時代の親友・高村は建設会社に入り、新入社員研修などで多忙な毎日を送っている。

「前座見習い」「新入社員」と立場こそ違え、「新入り」であることに変わりはない。

「どうだい？　落語の修業は……つらいか？」

四月に入って二週間ほどして高村から電話があった。

一応、一通りの研修が終わり、二十日には配属部署が決まるのだという。

「ぼちぼちだよ」

高村の実家は新潟県内で建設会社を営んでおり、いずれ会社を継ぐことになるのだが、高村は得意の英語を生かして海外勤務を希望していた。

「理科大出だから数字には強いだろうって、経理へ行かされるかも。手に職だけど石の上にも三年ってね」

「そうなんだ」

「おまえはもう落語をやってるの？」

「まだ見習いだから高座には上がれないよ。稽古だけ」

「じゃあ、どんな仕事しているの？」

「師匠のとこの仕事と寄席の楽屋の雑用。お茶くみしたり、着物をたたんだりいろいろ」

「ところで、おまえ、連休明けには教育実習だよな」

「そうなんだ。じつは楽しみにしている」

「息抜きだな。実習したら落語家やめたくなったりしてな」

「それはないよ……たぶん」

高村と話しながらわたしは、故郷・十日町の春を思っていた。

それは歌丸と落語から少しのあいだ離れることができる自由な時間になるはずだった。

教育実習には行くな

歌丸も了解していたことだ。

両親が、わたしが落語家になるための条件としたのが「大学の卒業」と「教員免許をとること」のふたつだった。入門のとき、歌丸にも説明し、了承を得ていた。

まずは教育実習を受けなければ教員免許も手に入らない。

母校・十日町高校からは、連休明けから二週間の予定で実習を受け入れるむねの答えを得ている。授業する課題も伝えられ、そのための勉強も進めていた。

教壇に立ったら、小咄のひとつもやってみせて笑いをとろうか。落語家修業の話をしたら生徒たちも喜ぶかもしれない……なんて考えていた。

歌丸には「教育実習で連休明けから十日間、寄席を休むことになります」と伝え、ちゃんと許してもらっていた。

前座仲間にも、「わたし、連休明けには十日ほど教育実習で休みますんで」と話している。

四月二十日ごろだったと思う。

いつものように朝、歌丸の家に顔を出した。

家が建ち並ぶ狭い路地を春風が吹き抜けて、心地よい。

「おはようございます」。おかみさんに声をかける。

「お父さんが歌児さんが来たらよこすように言っていたよ」

部屋に行くと、歌丸は新聞に目を通しながら、タバコを吸っていた。

メガネ越しに上目づかいでわたしを見て、「歌児、よく考えたんだが、田舎に帰るのはやめなさい」。

その言葉にポカンとしているわたしに歌丸は、「教育実習に行くのはいけませんよ。修業を切ることはよくないからね。わかったね。落語家になったのだからもう教育実習は必要ありません」と付け加えた。

わたしは一瞬、頭の中が真っ白になった。

「おまえ、向こうに帰ってなまりが戻ったらどうするんだい」とか歌丸はいろいろと言ったが、もうその言葉は耳に入らない。

両親のこと、十日町高校でわたしを受け入れる準備をしてくれている先生たちのことを思った。これは大変なことになった。実家も学校も大騒ぎになるだろう。

歌丸とわたしだけの話ではない。落語界の師弟関係は、ある種、封建制度そのままの慣習を引きずっている。程度の差こそあれ、師匠の言うことは絶対で、口ごたえなどは一切許されない。基本的に弟子に発言の自由はない。それを承知の上で入門する。真打になるまで落語家としての生殺与奪の権利は師匠が持つ。師匠の言うことが聞けなければやめろ、だ。

師匠が「カラスは白い」と言えば「カラスは白い」。

「わかりました」

わたしには歌丸に従うしか選択肢はなかった。

前座の五月病

歌丸はなぜ前言を翻したのか？

そのとき歌丸は「田舎に戻ったら、せっかく直した方言がもとに戻ってしまうだろ」と言っていたが、理由はそれだけではないはずだ。

歌丸に直接聞いたわけではないので、これはわたしの推測だ。

わたしはあのころ、厳しい前座修業に少しだけ参っていた部分があった。なれない歌丸の家での修業と寄席通いに疲れ、精神的にも肉体的にもつらかった。これまでの生活とは何もかも違う落語の世界に戸惑っていたのだ。そのうち、朝起きて、歌丸の家に行くのがつらくなった。世間でいう五月病のような症状があらわれていた。「もしも落語家じゃなくて教師だったら、どんな感じになっていたのかな」なんて想像もしていた。

だから、わたしは教育実習を楽しみにしていた。少し疲れた身体を実家で休ませながら、なじみの顔に囲まれて、母校で教師の疑似体験もできる、気分をリフレッシュさせられる、そんなふうに考えて、少し浮き足だっていた。

歌丸は、そんなわたしの様子に気づいていたのだろう。

五月病になった弟子が、前座修業が始まったばかりのいま教育実習にいったら、落語家にしろ、教師にしろ、どっちつかずになってしまい、余計つらくなるのではないか。歌丸はそう考えて、わたしの教育実習をやめさせたのではないか。

落語家をやめて帰ってくると思ってた

親に電話をした。

「師匠が教育実習には行くなと言っている」

「ちょっと待ってよ。約束が違うでしょ」

電話口に出た母親は明らかに取り乱している。

「なんとか歌丸師匠にお願いして許してもらえないの」

「無理だよ」

「高校にも迷惑をかけることになるのよ」

「そんなこと百も承知だよ。でも無理なんだ」

怒気を含んだ声でわたしは答え、電話を切った。

まったく人騒がせな親不孝者だ。

家族会議が開かれ、長兄が、「師匠がそう言っているんだからしょうがないよ」と親を説得してくれたとあとから聞いた。

十日町高校へも平謝り。野球部の監督からも「おまえはそのうち落語家やめて高校へ帰ってきて、野球部の監督を継いでくれると思っていたよ。教育実習に来ないということは、それももうできないんだな」と言われた。わたしは恩師に「すみません」としか言えなかった。

そのときは一瞬、「実習に行くことは最初から約束していたのに」と歌丸を恨んだ。でも一方で「これでクビにはならないな」とも思った。歌丸はことあるごとに「見込みがなかったらクビにしますよ」と言っていたから。

未練を成仏

教育実習に行くのをやめて、真打披露興行には晴れて前座として楽屋仕事に没頭した。真打披露は夜席だが、昼席が始まる一時間前に楽屋入りをする。新真打がひいき筋などから贈られた帯や生花などの飾り物を準備しておいて、昼席から夜席に替わるわずかな時間に会場に飾る。

わたしは歌丸がこしらえてくれた着物を着て働きながら「これで落語家になったんだ」

と思っていた。歌丸は、この世に未練を残す幽霊を成仏させるように、学校の先生になることに少し未練を残していたわたしを成仏させてくれたのかもしれない。

ちなみにわたしの五月病だが、そのあと歌丸にも、「朝起きるのがつらいんです、身体が重いんです」と相談したことがあった。

歌丸は「そりゃあ、前座病だ。気にしなくていい、誰でもなるものです」と答えた。

わたしはその言葉を聞いて「ああ、師匠もそんな時期があったのか。師匠も経験したんだから、ここを辛抱しないと本当の落語家にはなれないんだな」って思って、なんとかこの五月病ならぬ「前座病」を乗り越えた。

もしもあのとき、歌丸が「そんなこと、おまえがたるんでるからだよ」とでも言っていたら、もしかしたら挫折してしまっていたかもしれない。


東京理科大学は翌年の三月、無事に卒業することができた。

一般の大学で卒業論文にあたる卒業研究のテーマは「ライプニッツとニュートンの微積」。

なんのこっちゃだが、わたしの研究を指導してくれた所属ゼミの教授はたまに落語会に顔を出してくれる。わたしの噺に「優」をつけてくれたかは知らない。

初めての入院

歌丸の門を叩いて半年ほどたった。

ゴールデンウイークの真打披露興行が終わって一段落し、寄席に入る前座のシフトのなかに組み入れられた。落語芸術協会のメンバーが上がる寄席は新宿末廣亭、池袋演芸場、浅草演芸ホールの三カ所があって、落語芸術協会と落語協会所属の落語家や色物さんが各所で十日ずつ交代で務める。

色物さんというのは漫才や漫談、奇術、声帯模写、太神楽《だいかぐら》など、落語以外の芸で舞台に上がる芸人さんたちのことで、寄席に掲げられる名前が赤い字で書かれたことからこう呼ばれている。

十日間の興行には昼席と夜席がある。わたしが前座になった年に、昇八、遊吉、遊ぼう、べん橋が二ツ目に上がったため、たった六人の前座でまわさなければならなかった。

そこにもってきて、弟子になって初めて気がついたことなのだが、歌丸は身体が弱かった。

いまも「入院した」だの「退院した」だの頻繁にニュースで取り上げられるが、昔から胆嚢炎や持病のメニエール病、偏頭痛に耳鳴り……とどこかしらが悪い。歌丸の身体はさしずめ、病のデパートのようだったが、唯一頭だけはずっと怪我（毛が）なくしっかりしている。

一九九六年に桂枝太郎が最後の弟子として入門したときも「おまえが真打になるころには生きていないかもしれないよ」と言っていたのだが、枝太郎が真打になった二〇〇九年にも元気に真打披露の口上を務めたし、この原稿を書いている途中の二〇一八年四月にも国立演芸場で高座に上がった。

わたしが入門して半年、歌丸の初めての入院は胆嚢炎だった。肉類を食べるとおなかが痛くなると歌丸が言うため、検査をしたら胆嚢が悪いことが発覚。手術して摘出することになった。この入院をかわきりに、歌丸はさまざまな病気で入院をくり返すことになる。

おかみさんからは「歌児さん、悪いんだけど、病院に行ってくれない？　朝起きたときそばにいてあげてほしいんだよ。わたしは昼ごろ行くから」って言われた。

歌丸が入院している病院まで歩くと四十分はかかるから、急いでタクシーで向かった。病室へ行くと、歌丸はまだぐっすりと休んでいる。

歌丸が目を開けるまで待っている。

いつ起きるかもわからない。寄席には十一時ごろまで入らないといけないから焦る。かといって「師匠、起きてくださいよ」とも言えない。

死んだように眠っている歌丸の横顔を見ながら「道灌」をおさらいする。前座が少ないということは、「開口一番」といって寄席の昼席・夜席で一番に高座に上がって一席やらせてもらう機会も多いということだ。

前座仕事にてんてこ舞い

歌丸が会長を務めている落語芸術協会も、いまは前座が多いから、下手をすると十日間の興行で「開口一番」に上がれないこともある。

楽屋での仕事をしながら、お客さんの前で一席、つたないながらも覚えた噺をしゃべることが血となり肉となる。落語の上達は百遍の稽古より一回の高座だ。

「歌児か。いま何時だい？」

病室のベッドで眠っていた歌丸が目を覚ました。

「十時少し前です」

「そうかい。よく休めたようだな」

歌丸はそうでも、こっちは寄席を休むわけにはいかない。

「師匠、何かご用はありますでしょうか？　おかみさんはお昼ごろ、来ると言っていました」

「そうか。ならいいよ」

「わかりました、それじゃ！」

って脱兎《だっと》のごとく病院を飛び出し、昼席があるときは寄席へと向かう。

新宿、池袋にしても、浅草にしても、横浜からはたっぷり一時間はかかる。

前座仕事は何かと忙しい。寄席は正午に昼席が始まり、夜席が終わる八時半ごろまでノンストップ。とどこおりなく進行するように差配するのも前座の役目だ。

「きょうは○○師匠が休んで、代わりに○○師匠が入るから、めくりを替えて」

「ほら、ダメだろ。スリッパはきちんと揃えないと」

「一番太鼓は誰が打つんだい」

「お茶の準備はできているか？　お湯が沸いてないだろー」

「お疲れさまです。お着替えを手伝いましょう」

「二番太鼓打って、早く」

「きょうは客席に子どもがいるよ。ネタ気をつけて」

「開口一番、きょうはおまえだろ。早く行きな」

「ほら根多帳つけて。なんの噺ですか？って、勉強が足りないよ、勉強が。『二番煎じ』だろうが」

「師匠、買って参りました。えっマイルドセブン？　すみません、セブンスター買ってきてしまいました」

「○○師匠まだ来ないね。連絡入ってない？　あと十分、つないでもらおうか」

「ほら終わったよ。座布団返してこい」

てな感じで、毎日がてんてこ舞い。

「いま電話があって、○○師匠、急に熱が出て休むそうだ。末廣に○○師匠が上がっているから代わりに上がってもらうよう電話して」

なんて非常事態も起きる。

歌丸の家でのつとめ以外、寄席の楽屋も修業の場だった。

前座はつらいよ

いま、歌丸が寄席を休むとそれだけでニュースになる。休んだぶんは誰かが代わりに高座に上がらなければならない。これを代演という。

香盤《こうばん》、知名度などから判断して、休んだ師匠と同等クラスの師匠に声をかけて来てもらわなければならない。香盤というのは、協会における序列をあらわすようなもので、一枚、二枚という数え方をする。「○○師匠は、香盤が○枚上」などという。これは、その師匠が協会へ「弟子にとりました」という届けを出した順番で上下が決まる。代演を頼むのにも、この香盤を考慮する。

いまは代演などの手配は協会が行うが、当時は前座たちがやっていた。

こういう仕事で、できるヤツか、目端《めはし》の利くヤツかどうかが判断されることがある。

寄席での前座仕事でこうした働きぶりが認められれば、先輩の地方公演などに同行して楽屋仕事をするついでに高座に上げてもらう「ワキ」の仕事も入った。

寄席からもらうのは前座になりたてのころは昼席、夜席ともに三百円。これが一年たつと五百円になり、前座たちを取り仕切る四年目の立前座になると千五百円もらえた。安い。時給に換算するといったいいくらなのか。労働基準法なんて知ったこっちゃない、の世界だ。

いまは多少上がって、千円からスタートして一年に二百円ずつ上がり、立前座で千八百円。寄席と住まいの往復交通費にも欠けるぐらいであることに変わりはない。

その点「ワキ」の仕事は一回、いいときは一万円くらいもらえる。前座の生命線であるといっても過言ではない。

お茶癖

歌丸は楽屋でつねにお茶を飲んでいる。

前座の仕事で重要なものに「お茶入れ」がある。

急須にお茶っ葉を入れて、お湯を注いでただ出せばいいだけじゃないか、と思われるかもしれないが、落語の楽屋ではこれが複雑怪奇。「お茶癖」といって、師匠ごとにお茶の好みが違う。これを覚えることも仕事のうちだ。

「なんだい、俺が猫舌だって知らないのかい。舌をやけどしたらしゃべれませんよ」

「おい、前座、ぬるいよ。お茶は熱いのをずずーっとやるのがいいんだ」

「茶の味がしないよ。これじゃ色がついたお湯だ。入れ直してきなさい」

熱い、冷たい、濃い、薄いの好みもあれば……

「おーい、お茶がなくなったよ。早く入れてくれよ」

いろいろだ。

前に香盤の話をしたが、お茶を出す順番に香盤がかかわってくる。香盤が上の師匠からお茶を出すのが決まりだ。これも間違えてはいけない。

歌丸の場合は「お茶を切らさない」が楽屋のルール。なぜかわたしもいつのまにか「歌助のお茶は切らしてはいけない」が前座のあいだでルールとして伝えられるようになった。

「悪いがお茶よりもオチャケを……」なんて言ったことは一度もない……こともない。

楽屋でのしくじり その一

あの歌丸が七年ぶりに弟子をとったということは当然、ほかの師匠たちのあいだで話題になった。どんなヤツか見てみたいと思うのが人の心。

こんなことがあった。

四代目の春風亭柳好《りゅうこう》に天吉が「今度、歌丸師匠のところに入った歌児さんです」と紹介してくれた。新入りは立前座が紹介する……は楽屋のルールだ。

柳好はご機嫌で、「じゃあきみも将来は歌丸だね」。

わたしは「はいそうですね」と答えるわけにはいかないから、謙遜して「まさか」と言った。わたしには上に兄弟子の歌春がいるわけだし、歌丸の名前を継ぐとしても、二番目だ。

わたしの答えを聞いて、ご機嫌だった柳好が表情を曇らせて考えこんじゃった。

そのときは「あれ？」って思ったけど、あとから知ったのは柳好には兄弟子がいたにもかかわらず、師匠の名前を継いだ。柳好の場合は「まさか」が「まさか」にならなかった。

柳好は、家業の魚屋から二十九歳のときに落語家を志したという苦労人。とつとつと話す口調に味があった。わたしが前座のうちに健康を害して、落語芸術協会を退会された。

春風亭柳昇の思い出

歌丸とは人柄も芸風もまったく違ったのが、新作落語で一世を風靡した五代目春風亭柳昇《りゅうしょう》だ。落語芸術協会の大看板だった。

昔昔亭桃太郎《せきせきていももたろう》や春風亭昇太の師匠だ。

現代社会のいろいろなことを話題に数多くの新作落語を生み出した。だから、つねに新しいネタを仕入れることに余念がない。

まくらにふる話題について楽屋で若い前座たちに聞いてみたり、ウケるかどうかわざと話して試したりしていた。

柳昇には「カラオケ病院」という持ちネタがあった。

経営難に苦しむ総合病院が、患者獲得のために院内で大カラオケ大会を開くと、患者がわんさと集まってきた、というなんともばかばかしい噺だ。

実際に噺のなかで歌うシーンが出てくるのだが、カラオケのテープを持ち込んで、「このタイミングでこの曲をかけて」って、表をつくって前座に渡して、歌うときにかけさせていた。すでに作り込んであるネタだから、一度なんか通しでテープをつくってきた。カラオケとカラオケのあいだに言うセリフの時間をはかり、高座のあいだじゅう、テープを流しっぱなしにすればいい、というわけだ。ところが実際にやってみたら、合わなくなっちゃった。だから、また一曲ごとにテープをかけてくれって。

これには、毎回緊張した。間違えたらいけないし。

そんな柳昇にわたしはしくじりをやっている。

前座六人態勢から翌年に春風亭柳八《りゅうはち》（現・柳好）、桂小文《こふみ》（現・右團治《うだんじ》）、そしておとうと弟子の桂歌若が入ってきたころのこと。

いまのように携帯電話が普及していなかったから、楽屋で電話を取り次ぐことがある。

そのとき、電話をとったのはわたし。

「柳昇師匠、おられますか？　大宮の高橋です」

「まだ楽屋入りされていません。きょうは四時半上がりなのでたぶん四時ごろにはお見えになると思います」

「ならことづてをお願いします。今度の会でチラシをつくりたいのですが、師匠のほかにどなたがいらっしゃるか、ご連絡をいただきたい、とお伝えください。失礼ですがお名前を」

「桂歌丸の弟子で歌児と申します。必ず伝えます」って答えて、わたしはうっかり電話があったことを忘れてしまった。

しばらくして柳昇から、「楽屋に高橋さんから電話があっただろ」って。

「あっ」と思ったけど、後の祭りだ。激しく叱責されはしなかったけど、その後、柳昇のわたしへの対応を見ると、「こいつは気の利かないヤツだな」とレッテルを貼られてしまったようだ。

柳昇は、高座での噺も絶品だったけど、真打披露の口上もまた一級品。通り一辺倒のことを言うのではなく、口上でも新作落語のように新しいネタを考えてくる。

歌丸の口上もうまいが、これはなかなかできることではない。

楽屋でのしくじり その二

楽屋の電話でも何度かしくじりをやっている。

出演する落語家がワキの仕事などで休む場合、代演を入れるのも前座の仕事だった。いまは協会がすべてやってくれるが、当時は楽屋にある赤電話で二ッ目が休む場合は別の二ッ目を、真打が休む場合は別の真打を……といった具合で、香盤などを考慮に入れながら、そのとき空いている人を探して電話しまくる。

楽屋で電話をとったのはわたしだった。

「おぅ歌児か。あした静岡でワキの仕事をいただいたから休むよ。悪いけど、代わりをお願いしておいて」

声の主は、わたしが前座になって二カ月後に三遊亭遊福《ゆうふく》の名前で二ッ目に昇進した三遊亭遊ぼう。のちに「とん馬」の名前で真打になった。

「はい、わかりました」と返事だけはいいわたし。ところがこれもコロっと忘れちゃった。

翌日、わたしは遊福が出演するワキの仕事に同行することになっていた。

東京駅で遊福と待ち合わせ、新幹線に乗った。

旅はいい。何かと忙しく、気もつかう楽屋仕事から解放されるのもうれしい。

「歌児、持ちネタは少しは増えたのか?」

「はい兄さん。二十ばかりになりました」

「師匠から教わっているの?」

「いいえ。師匠は忙しいから歌春兄さんが多いです」

「歌丸師匠も売れっ子だからな」

車窓からは頭に雪をいただいた富士山が望める。梅雨時なのに珍しい晴天だ。

「ちょっと、留守電が入っているかもしれないから、聞いてくるわ」

遊福は財布からテレホンカードを出した。まだ真新しい革の黒い財布だ。

二ッ目になって貫禄がついてきた遊福が持つと、余計立派に見える。

早くわたしも二ッ目になりたいと思った。

しばらくして、遊福が血相を変えて席に戻ってくるなり、「おめぇなあ、俺の代演入れてねーだろーが」。

遊福の家の留守番電話に寄席から電話があったのだという。

「あっ、すみません」って平謝り。

遊福に言われるまで思い出さないわたしもまぬけだ。

歌丸との旅

旅といえば、前座時代、かばん持ちとして日本各地で行われる歌丸の公演について回った。

歌丸は家や寄席では厳しかったが、なぜか旅先ではやさしかった。わたしに気を遣ってくれているようなふしもあった。

旅先では、ホテルでの過ごし方や前座としての身のこなし方などをやさしく教えてくれた。

歌丸は基本的に出かけるときの身支度を、おかみさんや弟子にはやらせない。着物や足袋など、高座に必要なものはぜんぶ自分で用意していた。なぜか?

忘れ物をしたときに誰かのせいにしたくないからだ。自分で用意すれば、忘れ物は自分の責任になる。だから、身支度はぜんぶ自分でやっていた。

実際、歌丸も自分で着物を忘れてきたことがあったが、誰かのせいにしたり八つ当たりしたりはもちろんなかった。

旅に出るときも例外ではなく、身支度は歌丸が自分でやるので、あまりわたしの出番はない。

いつだったか、歌丸と旅に出たとき、わたしは自分の足袋を忘れてしまった。なにも歌丸から「自分で用意するんだったら、何を忘れてもいいよ」と甘やかされていたわけじゃない。時間やお金、身の回りのことは厳しかったから、さすがに足袋を忘れた、となったらとんでもなく怒られるだろう、と思っていた。

「師匠、足袋を忘れてしまいました」。わたしはおそるおそる歌丸に伝えた。

「そうか」。歌丸は怒らない。だが、列車の時間があり、どこかのお店で買ってからというわけにもいかない。出演者はわたしと歌丸だけだったから、ほかの誰かのを借りるってわけにもいかない。

歌丸は怒るのでもなく冷静に、「会場に来る○○さんに電話して、道中で足袋を買ってきてもらいなさい」と指示してくれた。わたしはさっそく電話をかけて、無事に会場で足袋を受け取ることができた。

歌丸、倒れる

あるとき歌丸と柳家小三治《こさんじ》、先代の圓楽の、九州で行われた三人会にかばん持ちとしてついていった。

三人は仲がよかったので、楽屋の雰囲気も和気あいあいとしていた。三人それぞれ弟子がついてくるので、ほかの師匠のお弟子さんたちと親しくもなり、名人ふたりの高座も聴ける楽しい公演だった。

でも、歌丸はひどい風邪をひき、さらに持病のメニエール病も悪化し、寝込んでしまった。楽屋に来ても、おしゃべりもできずにただ横になっていた。

「師匠、大丈夫ですか」と声をかけても、黙って目を閉じている。前座になってまもないわたしはただあたふたするばかり。こんな状態で高座に上がるなんて、到底無理だ、と思った。

この三人会は何年か続けてやっていたが、三人のうち誰かひとりは具合が悪いということが多かった。三人全員が元気な状態であることが少なかったような気がする。圓楽は突然歯が痛くなって、歯医者に駆け込んだことがあったし、小三治は腰が悪く、痛そうに顔をしかめていることが多かった。

三人とも体調が悪くても、そこはさすがプロ。楽屋での姿がうそのように、見事な芸を見せていた。

小三治は、この九州公演のあいだにアメリカ留学の経験を題材にした新しい噺を完成させようとしていた。新しい噺を初めてお客さんの前で演じることを「ネタ卸」というが、普通ネタ卸は、なじみのお客さんの前でやることが多い。

歌丸でいえば、さっきも書いた地元の三吉演芸場の独演会でネタ卸をする。まずはホームともいえる場所で初めてのネタを披露し、なじみのお客さんの反応を確かめる。でも、小三治はそのネタ卸を九州公演でやった。千人も入る大劇場で初めての噺を披露し、笑いをとっていた。

公演の日数を重ねていくうちに、小三治の新ネタは洗練されていき、どんどんおもしろくなっていた。

もうすぐ出番というとき、歌丸はゆっくりと起き上がった。

「師匠、大丈夫ですか」と言うと、歌丸は「ああ……」とほとんど聞こえないような声で答えた。

わたしは本当に大丈夫なのか、と思ったが、さっきまでの表情とはぜんぜん違う顔になっている歌丸を見て、驚いた。

これぞ落語家だ、と思った。

歌丸は小三治を見て刺激されたんだろう。風邪とメニエール病の悪化で、高座に上がれるかどうかさえわからなかったのに、なんと歌丸もこの九州公演でネタ卸をやったのだ。それも、いまでは師匠の代表作のひとつとなった「竹の水仙」のネタ卸だ。

体調の悪さをもろともせず、火の出るような高座でお客さんを惹きつけ、笑わせていた。さっきまで横になっていた歌丸とは思えなかった。

いくつになっても、落語家同士で刺激しあって、チャレンジしあう姿には、前座ながらに感動していた。

歌丸と志ん朝

地方公演といえば、歌丸はよく、志ん朝とも地方で二人会を開いていた。同じ新幹線で地方に向かうのだが、師匠と前座の歌丸組と志ん朝組で通路を挟んで両側に座ることが多かった。

あるとき、志ん朝が、「きみも食べる？」と車内販売のアイスクリームやジュースを志ん朝の弟子のぶんと一緒に買ってくれようとしたことがあった。

わたしは歌丸に許可をとろうと声をかけようとしたが、歌丸はぐっすり眠っていた。歌丸に断りもなく、勝手にいただいていいのかと戸惑っていると、志ん朝がやさしく「きみに聞いているんだよ」と言ってくれた。わたしは「はい、いただきます」と言ってごちそうになった。志ん朝は歌丸同様、全国区の人気者でありながら、目下の者にも細やかな気配りをしてくれる人だった。

歌丸が目を覚ましたときに、「志ん朝師匠にいただきました」と報告すると、そのときは「うん」とだけ言ってまた眠っていた。

そのかわり歌丸は、公演が終わって別れ際に、志ん朝の弟子にそっと心付けを渡していた。眠っていてよく聞いてなかったのかと思ったが、そうではなかった。歌丸は弟子が受けた恩をちゃんと見ていて、それをきちんと返してくれていた。別に表立って、志ん朝に「悪いね〜ウチの弟子がごちそうになっちゃって〜」なんてことは言わないが、きちんとしたかたちで弟子が受けた義理を返してくれていたのだ。

弟子が師匠のあれこれを準備したり世話を焼いたりするものだと思うかもしれないけど、歌丸はしっかり弟子の行動を見ていてくれて、裏できちんとフォローを入れてくれていた。わたしのほうが世話を焼かれていたのだ。

高座で湯飲みをひっくり返す

教育実習をあきらめ、前座修業に専念していたある日、たまたま歌丸がわたしの実家、新潟県十日町の近く、柏崎で公演をすることになった。わたしもかばん持ちとしておともすることになった。

柏崎に出発する朝、歌丸が「おまえ、ご両親には連絡したのかい？」と聞いてきた。教育実習中止のとき、歌丸には「故郷に戻ったらなまりが戻るから」って言われていたから、わたしはそのころ家族とはあまり連絡をとっていなかった。電話なんかで地元の人と話すと方言が戻っちゃうからだ。そんな理由があって、このときも連絡はしてなかった。「連絡してません」とわたしが言うと、歌丸が不思議そうな顔をして「いま、ご両親に電話して、来てもらいなさい」って。

歌丸に言われるまま「もしもし？　いまから柏崎で……」と実家に電話したけど、案の定、途中で新潟の方言が出ちゃった。あっ、いけないと思って言い直したら、歌丸とおかみさんが笑っていた。

両親が揃って柏崎まで出てくることになった。落語家になって、初めて両親に会う。わたしはうれしくてしょうがなかった。着物を着て、テキパキ働いているところを見せてやるぞ、なんて思った。

ところが、だ。歌丸は高座に上がるとき、そばに湯飲みを置いて、噺の途中で白湯をすする。歌丸の出番前、前座が座布団を返すときに、湯飲みを置きにいく。

柏崎に到着し、自分の演目を終わらせると、わたしはいつものように、湯飲みを置きにいった。が、がちゃん！　と大きな音をたてて、湯飲みをひっくり返してしまった。白湯がぜんぶ、床にこぼれた。大勢のお客さんがざわざわとするなか、わたしは大慌てで床を拭いた。空っぽになった湯飲みをいったん歌丸にあずけ、楽屋で入れ直してもらった白湯を舞台袖で受け取り、歌丸の持っている空の湯飲みと交換した。

そんなことをしているあいだじゅう、客席からはざわめきと笑い声が聞こえている。穴があったら入りたい、とはこのことだ。舞台から引っ込むときに、ちらりと客席を見たら、両親は揃って下を向いたまま。

さて、仕切り直して歌丸がようやく高座に上がると「いまの歌児は十日町出身でねえ、両親が来てるからってんで、舞い上がっちゃって、あいつも落ち着きゃ一人前ですから」と言って、お客さんを笑わせた。わたしの失敗をネタにしてくれた。両親はそのあいだもずっと下を向いていた。

高座が終わって、厳しい歌丸からどんなに叱られるかと思ったが、歌丸はぜんぜん叱らなかった。

だが、両親はそのあと、わたしの高座を見にきても、わたしがしゃべっているあいだじゅう、ずっと下を向いている。この件がトラウマになってしまったようだった。

歌丸一門は下戸

歌丸はまったく酒を飲まない。というよりも飲めない。

だから一門の弟子や家族が集まってやる忘年会や新年会でも最初のころは宴席に酒が出なかった。通夜・葬儀でもお清めの酒が出るのに、酒の代わりにお茶をがぶがぶ。おいしい料理が並ぶけど、まるで「長屋の花見」だ。

歌丸の一門で、兄弟子の歌春、おとうと弟子の歌若、歌蔵、枝太郎といずれも下戸《げこ》。酒を飲むのはわたしだけ。いまは忘年会と新年会を兼ねて、一門の弟子と家族が横浜の中華料理店に集まる。全員で三十人ぐらい。払いはすべて歌丸だ。

禁酒の会も、いまではわたしが先頭を切って「師匠、酒頼みますよ」って言って、勝手に飲んじゃうから一門の宴席で酒が飲めるようになったけど、歌丸はいまだにいい顔はしない。

一門が集まる宴席でも、「まあまあ酒の席ですから」という無礼講はない。

わたしの夢は、歌丸と酒を酌み交わしながら、胸襟を開いていろいろな話をすることだが、それは叶わない。

酒を飲まないのに歌丸は「親子酒」とか「一人酒盛り」「試し酒」のような酒が出てくる噺もうまい。

「わたしは酒は飲まないけど、酒飲みを観察してますから」などと言っている。

わたしも観察されているのかもしれないが、酔っぱらった状態は酔っぱらいじゃないとわからない。だから酒飲みが出てくる噺は歌丸よりわたしのほうが少しだけ上手だと思っている。


そんな歌丸だから「前座のうちは酒を飲んではいけない」が決まりになっていた。

いっぱしの酒飲みを気取っていたわたしにとってはつらい掟だったが、前座の身で文句も言えない。

まあ当時は「前座を酒席に連れていかない」という決まりが主流ではあった。どこかのアイドル歌手ではないが、人は酒でしくじることが多いからだ。

わたしも歌丸の言いつけを守り、一年間ぐらいは我慢していたけど、結局、飲んじゃった。だって大好きなんだもん。

落語芸術協会のなかでもわたしは酒豪番付で大関クラス。歌丸は序の口。これだけは負けない。

歌丸に隠れて飲む

歌丸から出された「禁酒令」。こっそりそれを破ったことがある。

新宿末廣亭の夜席に前座として入っていたときのこと。末廣亭のおかみさんがお客さんと飲んでいる席にわたしと同じ前座の桂よし丸を呼んで、「師匠には内緒だよ」って飲ませてくれた。

ありがたい話だが、歌丸から言いつけられている「禁酒の誓い」を破るわけにはいかない。一方で寄席のおかみさんの好意を無にするわけにもいかない。

「飲むべきか、飲まざるべきか」。シェークスピアのハムレットばりに悩んで、バレなければいいかってぐらいなもんで、飲んじゃった。

しばらく同席させてもらい、お客さんとともに席を立ったおかみさんは、「払いはツケにしてあるから好きなだけお飲みなさいよ」って。

「おかみさん、いい人だよな」

「まったくだ。おかみさんの中のおかみさん。神様、仏様、おかみさんって言ってね」

よー丸はすっかりできあがっている。

「一緒にやっているけど、おまえと飲むのも初めてだな」

「まったくだ。飲む金もなければ時間もない。歌丸師匠のところに毎日、顔出しているの？」

「出してる。おまえは？」

「師匠の家から歩いて三分のところに住んでいるからな。毎日決まった時間に行く。顔出さないと何言われるかわからない」

「俺は歩いて七分」

「そりゃ遠いな」

「そんなこと競ってどうするんだ」って笑いながら熱燗をコップでぐいぐいやる。

そんなこんなで横浜へ帰る終電がなくなった。

「歌児さん、うち泊まる？」

てなもんで、よー丸が住んでいる東中野まで歩いた。

酔っぱらって、千鳥足とはいえ一時間ほど歩けば着く。

四畳半一間に雑魚寝をして、烏かーで夜が明けた。

わたしは朝、歌丸の家へ顔を出さなくてはならない。それはよー丸も同じだった。

飲んだのがバレた

歌丸に隠れて酒を飲んだ翌朝、「ねぇ、あんた起きておくれよ。あんたが仕事に行ってくれないと釜のふたが開かないよ」。

「眠いよー、もう少し寝かせてくれよ」って、これは落語の「芝浜」。

しこたま飲んだからふたりとも起きられない。

誰かがドアをノックする音がする。

「よー丸さん、誰かがノックしているよ」

「眠いよ。もうちょっと寝かせてくれよ」

よー丸は再び布団をかぶってしまった。

「よー丸さん、どうしたの。大丈夫かい？」

その声を聞いて、よー丸はがばっと起き上がり、「やべーおかみさんだ。いま何時？」。

「八時だよ」

あとで聞いたのだが、よー丸は毎朝七時半に米丸の家に顔を出し、掃除やら雑用やらをこなし、朝ご飯をいただくのが日課になっているようだ。

三十分たっても来ないから、おかみさんが迎えにきたらしい。

わたしは落語の「風呂敷」に出てくる間男《まおとこ》のように押し入れに隠れた。

「いま行きますから」とよー丸。おかみさんが戻ったのを見計らって、わたしも押し入れから飛び出して、よー丸と一緒に部屋を出た。歌丸の家に行かなくてはならないからだ。

「おはようございます。何かご用はありますか」って息を吸いながら、玄関口にあらわれたおかみさんに聞いた。「酒臭いわね。あなた飲んだでしょ」とは言われなかったから、酒を飲んだことはバレてはいない。そのまま寄席に行った。

携帯電話もなかったから、よー丸にその後のいきさつを聞くこともできない。

昼席のトリは米丸だ。

米丸は楽屋でお茶は飲まない。着替えを手伝いながら自分の息を気にしていると、米丸が「きみはきのう、ウチのと一緒だったみたいだね」って。

カマをかけられて、「はい。泊めてもらいました」と言ってしまった。

よー丸が米丸になんて話したかわからないが、すっかりバレていた。

「歌丸の弟子は禁酒」は有名な話で、当然、歌丸の師匠でもある米丸も知っている話だ。

だが米丸は「酒を飲んだのか？」とは聞かなかった。

歌丸からもこの一件についてその後、何も言われなかったところを見ると、米丸は孫弟子の不祥事に目をつぶってくれたのだろう。

瀧川鯉昇と隠れて飲む

歌丸のかばん持ちで北海道の旭川へ行ったことがある。

わたしは前座で、当時春風亭愛橋だった瀧川鯉昇にも二ッ目として同行していた。

落語芸術協会のなかでは、「酒」というと鯉昇とわたしの名前が上がるほど、いわゆるイケる口だ。

公演も無事終了し、食事をしてから歌丸をホテルの部屋に送ったあとに、愛橋が「歌児さん、これからちょっとどう？」と人差し指と親指でおちょこを持つしぐさをする。

「でも兄さん、酒は師匠から止められてますから」

「大丈夫だよ。歌丸師匠はどうせ寝ちゃうんだろ。さっと飲んで、何ごともなかったようにあしたの朝を迎えればいいだろ」

「えっ、そうですか」

もともと嫌いじゃないから、先輩の悪魔のささやきに良心が負けた。

過去に何度かかばん持ちで歌丸に同行しているが、夜中に用事を言いつけられたことは一度もなかった。ほかの一門はちょくちょくそういうことがあるようだが。

「歌児さん、部屋で用意が済んだら俺の部屋に電話して」と愛橋。

酒は何がいちばんうまいかと言うと「ただの酒」と「隠れて飲む酒」にかぎる。

着替えを済まして、愛橋の部屋へ電話を入れる。

「あっ、もしもし準備が整いました」

「準備ってなんの準備だい？」

電話から不機嫌そうな歌丸の声が聞こえてきた。すぐに部屋番号を間違えたことがわかり「師匠、何かご用はありますか？」ととっさに答えて、なんとかごまかした。

それから愛橋とふたりで、旭川の安酒場でしこたま飲んだ。

翌朝、二日酔い気味で「おはようございます」と歌丸の部屋へ。駅まで一緒のタクシーに乗るわけだし、酒のにおいで前の晩飲んだことはバレていたのだろう。

それからも歌丸のかばん持ちで地方へ行ったとき、たまに「禁酒」の禁を破ったことがあった。

当時は携帯電話もないから、部屋から出てしまえば歌丸から呼び出しがかかっても、わからない。

そんなときにかぎって、歌丸は「きのうの夜、おまえを呼びたかったんだよ」と言う。電話をかけても出ないヤツって思われていたのか、それともわたしに遠慮していたのか、ってそれじゃ立場が逆だ。

つねづね、歌丸は口を酸っぱくして「噺家というのは、お客さんから木戸銭《きどせん》を頂戴し、精一杯噺をするのが仕事だ。あとは何をやってもいいかもしれないが、時間を守り、お金のことをきちんとすれば噺家として生きていける。噺家はいいかげんなようだが、そういうことがきちんとできているうえで、いいかげんな姿も生きるというものだ」と言っていた。そもそも前座はお金とは無縁だから、まずは「時間を守る」ことが大事だった。

立前座

歌丸に入門して三年が過ぎた。

兄弟子が順繰りに二ツ目に昇進し、前座はわたしとがた治、よー丸、そして翌年入ってきた春風亭柳八、桂小文、おとうと弟子の桂歌若、三遊亭あん太《た》（現・春馬《はるば》）、桂でっどぼうる（現・米多朗《よねたろう》）、橘《たちばな》ノ壱圓《いちえん》（現・三遊亭圓馬《えんば》）と人数も増えてきた。

わたしのことを気に入って、ワキの仕事をくれる師匠もできたし、呼ばれてもしくじらないようになった。

四年間の前座修業のなかで最後の一年間は、「立前座」として寄席のなかである程度、実権を握れるようになる。

高座の進行も行うから、前の師匠が予定をオーバーして長めに噺をやった場合は「何分でおりてください」とか言えるし、上の師匠たちも立前座には逆らえない。

だが図に乗っていばっていても、二ツ目に昇進すれば一番下っ端だから、意趣返しをされることもある。その辺のさじ加減が難しい。

ワキの仕事は前座の生命線だが、それにかまけていると寄席の仕事がおろそかになる。学校でいえば出席日数が足りないということ。二ッ目になれるかどうかは協会の理事会で決まるから、真面目につとめて師匠たちの覚えをめでたくしておかなければならないのだ。

前座の給金は、一年目の三百円から立前座になると千五百円に上がる。

わたしは歌丸の家から歩いて七分のところに住んでいたから、新宿末廣亭、浅草演芸ホールへ通うと交通費だけで千円を超える。さらに後輩たちとお茶や食事をすれば、当然ここは先輩である立前座が、となる。それが落語界のしきたりでもある。

前座になりたてのころは歌丸が生活費を面倒見てくれていたが、自分から断って、前座二年目以降はもらっていなかった。

だからワキの仕事でもらったギャラを貯めておいて、なんとかやりくりをしていた。

それでも前座はなんとか食える。

問題なのは二ッ目に上がってからで、噂で聞くだけで食うや食わずの地獄の十年が待っていることをまだ知らなかった。

歌丸もそのことは教えてくれなかった。

❷「紙入れ」「お見立て」と肺気腫

歌丸はタバコを吸う。じつにうまそうに吸う。

かなりのヘビースモーカーである歌丸だが、肺が悪いようにはまったく見えなかった。

その理由は歌丸のしゃべり方にある。歌丸はとにかくひと息が尋常でないくらいに長い。

歌丸に噺を教わり、同じようにしゃべってみると、歌丸の息継ぎが非常に少ないことがわかった。真似しようとしても、息継ぎの回数が少ないので苦しくなってできないのだ。歌丸をモノマネする芸人がほとんどいないのも、息継ぎが少ないしゃべり方を真似するのが難しいからかもしれない。

そのしゃべりからはまったく肺が悪いようには思えなかったため、本人も身内も医者でさえも「たいしたことはない」と思ってしまったのかもしれない。

わたしも子どものころにはよく気管支炎を患っていて呼吸器が弱かった。おまけに蓄膿症もあり、声もこもっているのに甲高い。聞きづらい声だったのは間違いない。

野球をやることで体力もつき、さらに落語の訓練をすることによってそれらを克服してきた。だが、年をとったらまた体力が落ちて、声を出すのが難しくなるかもしれない。その点、歌丸は少ない息をムダなく音に変換している。

歌丸のタバコ好きが生きる噺がふたつある。

「紙入れ」と「お見立て」だ。

「紙入れ」は俗にいう不倫の噺だ。貸本屋の男が、得意先の奥さんにそそのかされて、ことに及ぼうとするのだが、その寸前で旦那さんが帰ってきてしまう。慌てた男は裏口から逃げるが、床の間に自分の紙入れ（いまでいう財布）を忘れてきてしまう……。旦那にバレているのか、いないのか、確かめるために男はおそるおそる得意先の家を再び訪問する……という噺だ。

歌丸は、まぬけな旦那が精いっぱい余裕を見せているさまを、キセルを吸っているしぐさで表現する。それが見事だ。扇子をキセルに見立てて吸う姿は、タバコ好きだからこそできる表現だ。そして、噺が佳境に入るところで、キセルをポンと叩いて床に置く。それがアクセントとなって、お客さんを物語に引き込んでいく。

「お見立て」でのキセルの所作も見事だ。

「お見立て」は遊郭が舞台の噺だ。ある花魁《おいらん》が大嫌いなお客の大尽に会いたくないがために、遊郭の若い衆に「わたしは死んだと伝えてくれ」と頼む。それを真に受けた大尽《だいじん》が花魁の墓参りをする噺だ。この噺にも、大尽がキセルを吸うシーンが出てくる。


歌丸は、さきほどの「紙入れ」での吸い方よりももっとやぼったい吸い方をする。キセルの吸い方ひとつで、その人物のキャラクターやその気持ちを見事に表現しているのだ。

そしてこの噺でも、噺が佳境に入るところで、キセルをポンと叩いて床に置き、噺のギアを上げていく。まさに見事というほかない。

このキセルの見事な演技が、歌丸のタバコ好きによって築かれたものであるならば、それはまさに命をかけた芸だといってもいいだろう。

歌丸はいま、肺気腫と闘っている。酸素吸入をしながらの生活で、高座に上がるときも外すことはできない。

あるとき歌丸がCOPDという生活習慣病予防のキャンペーンキャラクターに任命されたことがあった。COPDというのは慢性閉塞性肺疾患という病気のことで、厚生労働省がこの病気を世間に広く知ってもらうためのキャンペーンの目玉としてわが師匠を選んだ。

だが、歌丸はその任命式の直前に肺気腫で入院してしまった。わたしは歌丸の代理としてその任命式に出席し、コメントすることになった。

「今回の入院は、この病気の恐ろしさを師匠自らが世間にアピールしたものです。みなさん、タバコの吸いすぎには注意しましょう」と言うよりほかになかった。

歌丸は、体調が相当悪化するまでタバコをやめなかった。生活習慣やニコチン中毒など、やめられない理由はいくつも思い浮かぶ。

だが歌丸は吸うことによって芸を磨いてきた。うまそうにタバコを飲むしぐさ、飲んだあとのほっとした表情は歌丸にしかできない芸だ。歌丸は命をかけた渾身の笑いを提供しているのだ。

第三幕

二ツ目《ふたつめ》

二ッ目前夜

歌丸に弟子入りして四年。日本がバブル景気に沸く一九九〇年は、世界にとって激動の時代だった。

ミハエル・ゴルバチョフがソ連初の大統領に就任。「ペレストロイカ」と「グラスノスチ」を旗印に、ソ連は自由に向かって変革の道を歩み始めていた。それにともない東西冷戦も終結を迎えようとしていた。

前年十一月二十五日には、わたしが歌丸と初対面した東陽町の寄席「若竹」が閉館した。九〇年から池袋演芸場が改築のため三年間休館していたから、落語家にとって上がる寄席が少なくなっていったころでもあった。

わたしは立前座を一年ほど務め、すでに二ッ目を射程に入れている。それは同期のがた治、よー丸も同じだ。

二ッ目になるとどうなるのか？

一、高座で羽織を着ることができる
二、寄席の雑用から解放される
三、師匠の家に毎日、行かなくてもいい
四、自由に仕事をとることができる

二ッ目になってやっと落語家として一人前。「自由の翼」を得て、真打昇進に向けて、さらに研鑽を積み重ねることになる。

会社員ならどうか。入社五年目。そろそろ責任のある仕事を任されるころだろう。

夜席が終わって、新宿で一年ぶりに大学時代の唯一の友人・高村と飲んだ。

高村はわたしと同じ新潟出身。将来は父親が経営している建設会社を継ぐために、現在は建設会社で修業中の身だ。

割り勘にして焼き鳥屋で軽く飲んで食べて、高村に連れていかれたのが歌舞伎町の雑居ビルの五階にある「行きつけ」だというクラブ。入り口には「会員制」の看板が掲げられてあった。高級そうなスーツを着こなしている高村に対して、わたしは着たきり雀のジーパンとジャンパーだ。

「いらっしゃい。高村さん、きょうはおふたりね」

「うん。大学の同級生なんだ」

「どうぞ、あちらへ。すぐに由美ちゃんよこしますからね」

入り口と客席とのあいだに、これでもかってぐらい特大の花瓶に飾られている生花をよけるようにして、肩出しのドレスをあでやかに着こなした責任者とおぼしき女性が席に案内してくれた。

ステージではネクタイを外した中年の客が、赤いドレス姿の女性とカラオケで「ぴーひゃら、ぴーひゃら」と調子はずれの声で歌っている。アニメ「ちびまる子ちゃん」のテーマだ。ちまたでは大人も子どももバブル景気に浮かれるように、この歌を狂ったように歌っていた。

ボックス席に座るが、居心地は当然よくない。

店じゅうに香水の香りが漂っている。色香に惹かれて、あぶく銭をつかんだ男たちが一夜の享楽を求めて集まってくるのだろう。

昔、吉原、いまは銀座、新宿。時代とかたちは違っても「遊びの世界」に変わりはない。

「高村さん、お待たせ」

「ああ、由美ちゃん、きょうは僕の親友を連れてきたよ」

「由美です。よろしくね」

黒目がちの瞳が、石田ゆり子さんに似ているその子は、高村にぴったりと身を寄せて座った。こんなに洗練された女性のいる店の支払い、高村大丈夫かと心配になるくらいだ。

わたしのとなりには久美子と名乗る地味な顔をした子が座り、ウイスキーの水割りをつくったり、トイレに立てば一緒についてきて出口でおしぼりを渡したり、かいがいしく面倒を見てくれた。

四年間の前座修業中、そういった雑用はすべてこなしているからついつい身体が動きそうになる。

「ねえ、こいつの仕事、何か当ててごらん」

酒が進んで、高村がふたりの女の子に言った。

「えーっ、なんだろ」と遠慮のない視線をわたしの頭のてっぺんからつま先まで注ぐ。

「工事関係?」

「なんで。僕が建設会社だから?」

「格好がラフだし……」と由美は言葉を濁す。

「わからないよな。当たり前だ。こいつは落語家」

「落語家!?」とふたりは素っ頓狂な声を上げた。

「じゃあ『笑点』に出ているの?」

「いや、わたしは。でも師匠が出ています」

「誰かしら?」

「桂歌丸……」

「ああ、真ん中へんに座って、いつも難しい話をするおじいさんね。髪の毛の薄い。あっごめんなさい。師匠のことを……」

由美ちゃんは屈託がない。だがそのとおりだから何も言えない。

「落語家さんなら、何かおもしろい話をしてよ。お願い」

落語家が普段からおもしろい話ばかりしているとはかぎらない。その逆が多い。

一時間ほど飲んで、横浜へ帰る終電の時間が近づいてきた。

「高村、終電があるから帰るよ。ここの払いは……」

「払いは気にするな。会社の接待費でどうにでもなる。あと少し付き合えよ。タクシー券あるし。十二時で閉店だから、この子たち連れて寿司でも食いにいこう。馬の耳にも人参

って ね」とバブル社員は、変な冗談を言った。

日当千五百円の立前座と、地上げに狂奔する時代の花形、建設会社の社員とは金銭感覚が違う。いったいその夜、高村はいくら使ったのか。十万円はくだらないだろう。

アフターで連れ出した女の子たちと一緒に寿司までおごってもらい、「今度、おまえの落語聴きにいくわ。がんばれよ」と激励の言葉とともに高村からもらったタクシー券を使い、歌丸の家から歩いて七分のところにあるボロアパートの一室にたどり着いたころには、夜が白み始めていた。

二ツ目昇進

歌丸は当時、落語芸術協会の理事で、会長は桂米丸。きょうは協会幹部の師匠たちが出席する理事会が行われる。わたしの二ツ目昇進が決まるとすればその席で、だ。

眠い目をこすりながら、朝、歌丸の家へ顔を出し新宿末廣亭へ向かった。わたしはその日、立前座として楽屋の仕事をしなければならない。その当時、落語芸術協会の事務所は新宿にあった。午後、ここで師匠連が十四、五人集まって理事会が開かれている。

協会には派閥はないが、自分の弟子を「そろそろ二ッ目にしてください」と言う師匠はいない。

「歌丸さんのところの歌児は、もう入って四年たっているけど、年季もいいんじゃないかね」とほかの師匠に言わせるようにする。

「いやまだまだウチのは小僧っ子ですから」

「まあ、それでも……」って。

まるで落語「紀州《きしゅう》」の殿様だよ。

古今亭今輔の一門は一番上に米丸がいて、二番目が三遊亭圓右《えんう》、その下に歌丸。圓右は禿頭で、ＮＨＫのお笑い番組「お好み演芸会」で「太陽の使者です」などと言って人気があった師匠だ。

圓右が前座若手の育成係のような役目を担っていて、わたしのことも気にかけてくれていたようだ。

理事会が終わって、圓右は末廣亭で出番がないのに、楽屋にわざわざ顔を出してくれた。

「歌児くん、六月から二ッ目が決まったからね」って。

「えっ、本当ですか。ありがとうございます」

天にも昇る気持ちとはこういうことだ。これで自由の身になれるって。まるで釈放が決まった懲役囚だ。それぐらい二ッ目に上がるというのは落語家にとってうれしいものだ。真打に上がるよりもはるかにね。これはほかの落語家に聞いてもそう言うだろう。

圓右も二ッ目になったときのうれしさを経験しているから、吉報を少しでも早くわたしに知らせたいとわざわざ楽屋を訪ねてくれたんだ。

まずは親に報告だ。

わたしは学校の先生になるという親との約束も果たさず、落語家の道を目指した不肖の息子だ。感謝してもしきれない。

楽屋のピンク電話に十円玉を入れるのももどかしい。

実家が経営している土産物屋の番号をまわし、呼び出し音が鳴って、しばらくして電話口に出たのは母だった。

「あれ、どうしたの。こんな時間に……」

「あの、きょう二ッ目になるって言われたから」

「まあ、よかったじゃない。いつから？」

「六月から」

「なら今度は見に行かないとね。歌丸師匠にちゃんとお礼を言うのよ。そのときはお父さんと一緒に見に行くからね」

喜ぶ母の声を聞いて、わたしはさらに舞い上がった。

まずはおかみさんに

わたしの頭の中には、五年前の秋、入門のお願いをしに歌丸の家を訪ねた日の記憶がよみがえってきた。氏《うじ》も素性《すじょう》もわからないわたしを歌丸につないでくれたのはおかみさんだ。

わたしが二ツ目になったと知ったら、きっと喜んでくれるだろう。

おかみさんの顔が浮かんだ。

十日町の両親が生みの親だとすれば、歌丸夫妻は育ての親だ。

口べたで、気の利いたことは何も言えず、細かい気配りもできず、大食いで、早食いのわたしをいままで温かく見守ってくれたのはおかみさんだ。

小銭入れの中に残っていた最後の十円玉をピンク電話に入れて、歌丸の家にかけた。

「もしもし」

おかみさんはすぐ出た。

「歌児です」

「あれ、歌児さん、どうしたの」

おかみさんは母親と同じことを聞いた。

「あの、わたし、二ッ目になることが決まりました」

「そう。おめでとう、よかったじゃないの」

おかみさんが喜ぶ声を聞いたところで、通話終了間際を知らせる音が鳴った。

「ありがとうございます。のちほど……」と言ったところで電話が切れた。

おかみさんに報告してよかった。

歌丸のことがふと頭をよぎる。だがあとでどうせ家に行くのだから、とわたしは思っていた。

「おまえはいったい、誰の弟子なんだ」

歌丸の直弟子としての初めての二ツ目昇進が決まった日、わたしは立前座で、昼席のあとは三遊亭遊吉からワキの仕事をもらっていた。そのための荷物も用意して楽屋入りしている。

遊吉の仕事が済んでから、歌丸の家に寄ろう。何か特別にお祝いしてくれるのか。それとも真顔で「これからが勝負だよ。芸に終わりはないんだよ」なんて言われるのだろうか。たぶん、そっちだろう。

昼席の仲入りが終わり、休憩時間。電話をとったのはわたしより一年遅れて入門した春風亭柳八だった。

「歌児兄さん、歌丸師匠から電話ですよ」

地方公演におともするためのわたしのスケジュール確認などで歌丸からたまに楽屋に電話がくることはあった。

「もしもし歌児です」

「おまえ、誰から聞いたんだ！」

受話器の向こうから歌丸の怒声が聞こえてくる。弟子を叱るときもめったに声を荒らげたことがない歌丸が怒っている。

「えっ……」

「えって、おまえ、二ッ目のことだよ」

「あっ、それは圓右師匠がわざわざ来てくれて、教えてくれたんです」

受話器の向こうで、歌丸が息を飲むのがわかった。

「おまえはいったい誰の弟子なんだ。すぐにこっちへ来い」

ガチャンと電話が切れた。

ことの重大さを理解するまでしばらく時間がかかった。

わたしの顔色は真っ青だったと思う。泣きそうな表情をしていたかもしれない。

わたしが入門してから歌丸が初めて激怒した。

「兄さん、兄さん、あれ、どうしたんですか？」

柳八のその声に我に返った。

「柳八さん、悪いが師匠に呼ばれて。すぐ来いって。あと代わってくれないかな？」

「いいですよ。喜んで。二ッ目が決まっためでたい日ですものね」

柳八の声を背中で聞いて、楽屋を飛び出した。

当時は湘南新宿ラインも走っていなかったから、品川から京急に乗り換えて歌丸の家に近い駅を目指した。

歌丸はなんであんなに怒っていたのか？　それも尋常な怒り方ではない。

理事会には歌丸も出席していた。その席で、わたしが六月から二ッ目になることは伝えられたはずだ。圓右がわたしの二ッ目昇進を強く推してくれたことも。

歌丸はその日、ほかに仕事はなかったから、新宿からまっすぐ家に帰ったはずだ。

そこで、おかみさんから「歌児さんが今度、二ッ目になるんだって」という話を聞く。

当然「なんでおまえが知っているんだ」ということになる。

「本人から電話があったわよ」

そして「あの野郎……」って楽屋に電話をかけてきた。

わたしは順番を間違えたんだ。圓右さんから昇進の話を聞いても、知らんぷりをして歌丸から改めて「今度、おまえは六月から二ッ目だよ」という話を聞くべきだったんだ。

それが筋というもので、それを間違えるのは致命的なしくじりであるといえる。

前座は師匠のものだ。「自分」の都合を優先することなんて許されない。落語界はそうやって成り立っているし、落語はそうやって生き残ってきた。

前座修業の四年間は、そういった落語界の「掟」を身体と心に叩き込む期間でもある。

わたしはいったい四年間、何をしてきたのだろう。

歌丸の家への道が遠い。

クビ宣言

歌丸に入門してから五年間、毎日通った道だ。何百回と通った道だ。

歌丸からなんと言われるのだろう。

「おはようございます」。引き戸を開けて、いつものようにあいさつをして玄関に立つ。

歌丸の家は狭いから、台所からリビングまですべてが見通せる。

歌丸は食事をする台所のテーブルに座っていた。

おかみさんは後ろ姿で、何か料理をしているようだ。

歌丸は突っ立っているわたしに言った。

「おまえ、クビだよ」

「申し訳ありませんでした」

わたしは玄関口、といってもそのまま居間に正座して頭を下げた。土下座だ。

「クビだよ」

「申し訳ありません。わたしが師匠の……」

「うるさいんだよ。クビだと言ったらクビだ」

しばらくして頭を上げると、座っていた食卓から歌丸はいなくなっていた。二階の自室に上がってしまったのだ。

わたしはそこに正座しているしかなかった。

おかみさんにも申し訳ないことをした。

つねづね言っていた。「お父さんの機嫌を悪くしないでね」と。機嫌を悪くすると夫の身体にさわることを知っているからだ。

おかみさんは表立っては言わないが、何かにつけて陰でわたしを助けてくれた。

しかし、歌丸の怒りは凄まじかった。さすがのおかみさんも助け船を出せないくらいの怒りだった。わたしはじっと座っているしかなかった。

六時間前、わたしは天国にいた。人生でもっともうれしい瞬間を味わっていた。そしていま落語家を続けられるかどうかの岐路に立っている。

天国と地獄とはまさにこのことだろう。

しばらく正座していて、わたしはその夜、遊吉に仕事をもらっていることを思い出した。

おかみさんにお願いして、連絡だけ入れた。

わけを話すと、遊吉は笑って「そりゃおまえが悪い。心の底から謝るんだよ」って言ってくれた。

二時間ほど正座していると、いたたまれなくなったのか、おかみさんが「きょうのところはお帰り。お父さんが落ち着いたら、わたしが謝っておくから」と言ってくれた。歌丸から「許す」とは言われていないが、その日はアパートへ戻った。

その夜、母校の十日町高校の教壇に立っている夢を見た。

わたしは着物を着て、なぜか「新聞記事」をやっている。途中までやって、つっかえて次が出てこない。生徒たちが騒ぎ出す。わたしはますます焦る。そのとき、生徒のひとりの顔が歌丸に変わった。その歌丸は言った。「おまえはクビだ」。

翌朝、目が覚めてから思った。「クビだ」と言われて、そのまま翌日、歌丸の家に行かなければ、本当にクビになってしまう。許してもらうまで通い続けるしか、いまのわたしには道がない。

謝り続ける

いつもの時間より三十分ぐらい早く、歌丸の家に行った。

「おはようございます。きのうはすみませんでした」

台所のテーブルで食事をしていた歌丸とおかみさんに頭を下げた。

歌丸はわたしの顔を見もせずに、「来なくていい」と冷たく言い放った。

怒りは解けていないのだ。わたしは頭を下げて末廣亭へ向かった。

その夜、親に電話をした。

「二ッ目に決まった」と昨日報告したばかりなのに「もしかしたら、クビになるかもしれない」と。

「何があったか知らないけど、これからどうするの?」と母親は言う。

「うん、なんとかがんばってみる」と言って電話を切ったものの、さきの見通しは立たない。

できることなら時計の針を戻して、きのうからやり直したいとさえ思う。

だが、いまのわたしには歌丸の弟子でいるしか道は残されていない。だから翌日も、知らんふりをして歌丸の家へ行く。

「すみませんでした」と歌丸に伝えて帰ってくる。歌丸は「来なくていい」と追い返さなかったが、「許す」とも言わない。

「寄席がありますので失礼します」って歌丸の家をあとにした。歌丸はずっと無言だったがその日は「クビだ」とも言わなかった。

翌日も、その翌日も同じように顔を出して、「すみませんでした」と八文字をくり返し、ひたすらわびを入れる。

歌丸が家にいるときもあればいないときもある。それでも「クビ宣告」があった前と同じように顔を出す。

師匠は親同然

歌丸とわたしのそれもそうだが、落語家の師弟関係というのは不思議なものだ。会社の雇用関係ともまったく違う。

わたしの場合は落語芸術協会に所属しているが、協会がわたしを雇用して給料を払うわけではない。前述したように、その点は角会とも違う。日本相撲協会の場合は、力士に対してちゃんと給料を払っている。衣食住は所属している部屋に任されてはいるが。

落語家の場合は、「前座」「二ッ目」「真打」と昇進し、「真打」になれば弟子をとることができる。求人誌に広告が出るわけでもなく、師匠は、「この師匠にしよう」「この師匠に一生仕えよう」と弟子を希望する若者（最近は三十代、四十代もいるが……）を、「こいつは将来ものになる」と思えば弟子にする。「ものになる」と思わなくても、弟子にするケースももちろんあるが……。弟子をとったからといって、師匠がなんら得をするわけではない。

昔の立川流の家元制度のように、毎月上納金が入るわけでもない。むしろ「持ち出し」のほうが多い。多くは自分と血もつながっていない、海のものとも山のものともつかない人間の面倒を見るわけだから、溜まるストレスも並大抵ではない。「顔も見たくない」と思うこともあるだろう。

では、なぜ弟子をとるなどというわずらわしいことをするのか？

なぜなら自分も昔、そうして落語家になったからだ。

そして「落語」の噺は落語家の共有財産であり、ずっとそうやって落語がいまに伝えられている。

「師匠」と「弟子」は、個人的につながっているだけだ。そこが会社の雇用とは違う。長屋を舞台にした落語にも出てくる言葉だけど、「大家といえば親も同然」「店子といえば子も同然」という。大家と店子の関係以上に、師弟関係は疑似親子の関係といっても過言ではない。

親は子どもが何をしでかそうが、見捨てるということをしない。現代の世知辛い世の中では見捨てる親もいるかもしれないが。

しくじりをしたわたしに対して、〝親〟である歌丸はどう思っていたのだろうか。

許し

歌丸のもとに入門して約五年。そしてわたしは歌丸にとって「初めて二ッ目になった直弟子」だ。

結局、歌丸はわたしを見捨てなかった。

わたしのしくじりを「許す」とも言わなかったが、「許さない」とも「二度と来るな」とも言わなかった。クビにならなかったのは、おかみさんの助けがあったおかげだろう。

わたしは自分のしくじりを教訓として、おとうと弟子の歌若、歌蔵、枝太郎に伝えた。

「二ッ目昇進のときは仮に情報をどこかから得ていたとしても、知らないふりをして師匠から伝えられるまで待て」と。

だからおとうと弟子たちは二ッ目昇進に関するしくじりはない。

「歌助」になる

一九九〇年六月、わたしは「桂歌助」と改名し「二ッ目」になった。

同じ時期に入門した桂がた治改め「平治《へいじ》」、桂よー丸改め「三重丸《さんじゅうまる》」と同時の昇進だった。「よー丸」同様、「三重丸」も仮名だが、ご勘弁いただきたい。

「クビだよ」事件があってのち、歌丸宅へおわび参りの日々も一段落したある日、家を訪れると、歌丸から呼ばれた。

歌丸は二階の自室で、いつものように録画したテレビの時代劇を見ていた。

二階に上がって、あいさつをし、正座をして待つわたしに、歌丸はテレビの画面に目を向けたまま「羽織をつくらないといけないね。あと着物も。みっともない格好で高座に上がっちゃいけませんよ」とポッリ。

「夏物がいいね。披露に間に合うよう頼んでおいたから……」

二ッ目昇進祝いで着物をつくってくれる、という歌丸の言葉に、わたしは「ありがとうございます」としか言えなかった。

顔を上げると歌丸は、まだテレビの画面に目をやったままだった。

二ッ目披露

歌丸への親不孝を、わたしはさらに重ねてしまった。

真打披露のように寄席で口上があるわけではないが、二ッ目に上がったときも寄席で「昇進祝い」の出番がある。

六月一日、新宿末廣亭の昼席が、わたしが二ッ目になって初めての出番だった。

故郷の十日町から両親が見に来てくれた。二ッ目になるとプログラムにも名前が載る。

「桂歌児改め桂歌助」って。心配をかけ続けてきた両親への親孝行だ。

朝、歌丸の家に顔を出す。おかみさんは忙しそうに台所に立って何かをしている。台所の食卓で新聞を読んでいた歌丸に「きょうから二ツ目になります」とあいさつする。

「しっかりつとめておいで。で終わってからどうするんだ？」

「はい、親が出てくるので一緒に食事をするつもりです」

「そうか……」と言ったきり、読んでいた新聞に目を戻した。


末廣亭は、落語芸術協会にとってはアメリカのカーネギーホールのようなもので、わたしは歌丸がつくってくれた着物を着て高座に上がった。

出番が終わったあと、食事の席で「よかったじゃない。あなたが落語家になるなんて言い出したときは、正直、目の前が真っ暗になったけど……」と母親は大喜びだ。

「人間、変われば変わるもんだな。ろくすっぽ口もきけないようなヤツが、よくもまあすらすらと……」とは父親だ。

「ところで、歌丸師匠のところへはお礼のあいさつに行かないでいいのか？」

「帰りに寄るよ」

「おまえをここまでにしてくれたのは師匠だからな」

「わかってるよ」

わたしは落語家「桂歌助」になった。誇らしいような、くすぐったいような気分がないまぜになったまま、新宿から歌丸の家へ向かっていた。八時を過ぎたばかりだというのに金曜日の電車は、すでにどこかで酒を飲んできた客たちで混んでいた。


歌丸の家に着く。おかみさんに聞くと、歌丸は二階の自室にいるという。

「師匠、お陰様で、無事務めて参りました」

「そうか……」

歌丸はまだ何か言いたそうにしていたが、「失礼します」っておりてきちゃった。

おかみさんにもあいさつをして帰ろうとすると、呼び止められた。

「ちょっと歌児さん……じゃなくて歌助さん。お父さんがね、きょうは赤飯の用意をしておけって。もし寄席のあと何もなければ、夜一緒に食べようって言っていたのよ」

歌丸は「きょうは夜、赤飯を炊いて祝ってやるから、帰って一緒に食おうや」と言うタイプではない。奥ゆかしいのだ。

「はっきり言われていないからわからなかった」ではなく、そういう歌丸の気持ちを事前に察するのも弟子というものだ。両親よりも、この日はまず歌丸のことを第一に考えるべきだったのだ。

わたしは、一度ならず二度までも歌丸の愛に後ろ足で砂をひっかけてしまったことになる。

おとうと弟子の昇進のとき、歌丸は赤飯を炊かなかったところを見ると、わたしの冷たい仕打ちはよほどのことだったのだろう。

自由な二ッ目

歌丸の家に毎日顔を出して用事を言いつけられ、寄席では楽屋でありとあらゆる雑用をこなし、たまに入るワキの仕事は息抜きとお金にもなるが、前座は生活のすべてをがんじがらめに縛られている。そんな修業の四年間を経て、初めて二ッ目に昇進する。

前座時代にはやらなければならなかったあらゆることから解放され、自由の翼を手に入れる。時間も自由に使えるようになる。これは本当にうれしい。

だが「自由」であるということは一方で、自分で考えて自分で落語家として「食うすべ」を探していかなければならない、ということだ。

二ツ目になると、自分の落語会を開くことができる。つまり落語家として独立開業を許されるわけだ。だが一方で仮に何もしなくても誰も何も言わない。

この本を読んでくださっているみなさんもそうでしょ。

仕事があって、たまの休みに羽を伸ばし、また仕事へ。「自分の時間がない」「もっと自由が欲しい」なんて思って、「あしたから自由だから、好きに過ごしていいぞ」と言われたらどうしますか？　一週間もすれば「自由」に音を上げてしまうのではないかな？

前座のころは、薄給とはいえ寄席に出れば給金はもらえるし、ワキの仕事に呼ばれれば一回で一万円とかのギャラも入る。わたしのケースはとてもまれだが、最初の一年ちょっとは歌丸からアパート代と生活費まで支給されていた。

だが二ツ目は、仕事をするもしないも自分次第。本業のほかに副業までして食いつなぐ。まあこれは真打になっても基本的に変わりはないのだけどね。

落語家が廃業を決めるのも、ほとんどがこの二ツ目時代なのだ。

二ッ目は「青年失業家」

「桂歌丸の弟子で、桂歌助です。二ッ目です」。人に会うときはそう自己紹介するが、名前だけでメシが食えるわけではない。

寄席での「二ッ目」昇進披露のあと、ご祝儀でいくつか仕事をいただいたが、二カ月もしないうちに、わたしは「落語家」という肩書の「青年失業家」になった。

いまは落語ブームだといわれる。落語芸術協会では二ッ目の公演を協会としてプロデュースし、なるべく多く高座に上がることができるようバックアップしている。そういう落語会は二ッ目にとって勉強の機会にもなるし、お客さんにとっても安い入場料で落語に触れることができるから双方にとってメリットがある。

だがわたしのころは、協会が二ッ目をそういうかたちで援助してくれることはなかった。たまに寄席に上げてくれるぐらいなもので、「勉強する機会」は自力でつくり出さなくてはならない。

歌丸はまったく酒を飲まないが、わたしは飲む。そして酒は時として武器にもなる。武器といっても、飲んで暴れるための、という意味ではない。

風呂なしの四畳半一間のアパートに住み、格好といえばジーパンにトレーナーかジャンパーの着たきり雀。金もないから、カウンターの隅で熱燗をちびりちびりとやっている。酒のアテは腹にたまって安い肉豆腐やちくわの天ぷら。

何回か顔を出せば、「お兄ちゃん、ここんとこよく来るけど、仕事は何してるの？」って話になる。

「はい落語家をしています」

「落語家？　へぇー、それはまた珍しい」って。

いまは全国に八百人ぐらい落語家がいるけど、当時は六百人ぐらいだった。絶滅危惧種みたいなもので、そんなおかしな人種と偶然遭遇すれば、当然「珍しい」という話になる。

「で、どこでやってるの？」

「師匠が歌丸なもんですから、三吉演芸場でやっている会に出ています。あとは寄席でたまに。そんなもんです」

「歌丸さんのお弟子さんか」

「はい。桂歌助と申します。まだ二ツ目になったばかりでして」

「笑点」に出ている歌丸の名前は全国区。誰でも知っている落語家のひとりだから、通りがいい。

「じゃあ、うちの座敷で会をやろうや」ということになる。

酒を介しての営業といえばそうだが。

先輩から紹介された菊名《きくな》の「文七茶屋《ぶんしちちゃや》」の会も酒が取り持った縁だ。

落語家にとって普段の稽古も大切だが、「百回の稽古より、一回の高座」ともいわれる。実際に高座に上がって噺をし、お客さんと押したり引いたりの〝気のやりとり〟をすることで徐々に落語家として磨かれていく。

だからといって、ただでわたしの噺を聴いてください、というのはプロではない。小さな会を開いて木戸銭を頂戴し、赤字にならない程度の「勉強」をさせていただくのだ。

とはいうものの生活は厳しい。全国で行われる歌丸の会にかばん持ちとして同行し、助演として高座に上げてもらうこともあった。

歌丸には頼りたくない

「歌丸の弟子」というブランドは大いに利用させてもらった。歌丸は「笑点」に出演している全国区の人気者だ。だがブランドだけで仕事が来るわけではない。

歌丸はわたしが「助けてください」と頼っていけば、喜んで手をさしのべてくれたはずだ。だがわたしはそれをしなかった。

歌丸の家には弟子たちが自由に書き込む各人のスケジュール帳が置いてあった。仕事が入るとそこに書き込む。それをもとに歌丸は弟子たちに均等に仕事をふろうと考えていたようだ。だがわたしは二ツ目になって自分のスケジュール帳を引き揚げた。

歌丸は手塩にかけて育てたのに「可愛くない弟子」だと思ったかもしれない。それでもわたしは「歌丸の弟子だから」ではなく、早く自力で食べていけるようになりたかった。

歌丸には頼りたくなかった。

そのために、自分でお客さんを開拓しながら副業にも精を出した。

わたしがやったのは先輩の落語家からの紹介で始めた結婚式の司会。これは落語家がやるアルバイトの代表格で、わたしは百組以上の結婚式で司会を務めた。

それと家庭教師。落語会で知り合ったお客さんからの紹介で、大学受験の数学を教えた。でもわたしの教え方が悪かったのか受験に失敗しちゃった。やるもんじゃないですね、家庭教師なんてね。

横浜の野毛《のげ》。いまは歌丸が館長をしている「横浜にぎわい座」ができる前、歌丸は野毛の地区センターで落語会をやっていた。そのときの前座で必ず上がっていたのはわたしだった。

落語会を仕切っていたのは地元の商店会で、お寿司屋さんの大将がとりまとめていた。そんな縁もあり、二ツ目になってから、店に立ち寄るとただでご飯を食べさせてくれた。さらにその大将の紹介で、港南台《こうなんだい》の新聞販売店が持っている住み込みの従業員用の部屋に下宿させてもらうことになった。

わたしが住んでいたアパートの家賃は二万円ぐらいだったけど食えない二ツ目にとっては大きな負担だ。

わたしは高校を卒業して、東京理科大学へ入学するまでの一年間、浪人中に新聞奨学生を続けながら、新潟市内の予備校に通ったことがある。チラシの折り込み、配達もお手のものだ。

だから「わたし、販売店の仕事もわかっていますんで、新聞配達もしますよ」って申し出たら、店主が「そんな仕事はしないでいいから……」って言ってくれた。

「どうせ、うちは従業員や新聞奨学生用に食事もつくっているし、それを一緒に食べればいいじゃない」と、わずかな家賃で部屋を貸してくれた挙げ句、食事まで食べさせてくれた。

入門したてのころの歌丸もそうだが、とりあえず「食べさせてくれる」ということは貧乏落語家にとってなんとありがたかったことか。

チャンス

二ッ目になっても呼ばれれば歌丸のところに顔を出す。

「こうしたほうがいい」とかいう二ッ目としての処世術みたいなことを教えられたことはあまりない。ただ、よく言っていたのは「酒を飲んでいる席で落語をやるな」ということ。

酔っている人の前でやると「間が狂うから」がその理由だ。

だが酒飲みのわたしにとって、酒場は営業の場でもあり、うまくいけば落語会を開いてくれるところでもある。

「酒」つながり以外にも、不思議な縁でつながることもあった。

その新聞販売店の店主の名字は「大森さん」といった。

あるとき郵便局から「大森さん」宛の封書が販売店に届いた。だが配達間違いで、同じ「大森さん」でも、町内会長の「大森さん」。わたしは暇だったから、会長のところへ届けに行った。

届ける相手が町内会長だから、という打算があったわけでもなく、ただ暇だったから。

「どうも、こんちは」

「はいはい、何かな?」

「新聞販売店の大森です。お宅に届く封筒が間違ってウチに届いていましたので、お届けにあがりました」

「そりゃ、ご苦労だったね。まあ、お上がりよ。ばあさんや、新聞販売店の大森さんとこの若い衆が、わざわざうちの郵便を届けてくれたよ。お茶でも出してあげて」

「いえ、そんな、お気遣いなく」

「で、あなたも従業員なの？」

「いいえ、落語家の……卵みたいなもんでして。下宿させてもらってます」

「ほう。落語家ね。名前は？」

「桂歌助です。歌丸の弟子です」

そんな落語のなかにあるご隠居さんと熊さん、八っつぁんのやりとりみたいなものがあり、それがまた縁になって、「なんかこの辺でも、落語会はできないかな？」という話になった。

これが横浜市港南区の榎戸《えのきど》自治会館で始めた「えのき寄席」。わたしが初めて立ち上げた会で、現在まで続いている。

人と人がつながり、人の情の海をぷかりぷかりと浮いて漂いながら、どうにかこうにかわたしは生きていた。

結婚

歌丸とおかみさんは、辛苦をともにした理想的な夫婦だ。

そんな夫婦を身近に見てきたせいでもないが、二ッ目になって二年後の一九九二年、三十歳のとき、わたしは人生において、大きな転機を迎えることになった。結婚したのだ。うちの女房は、横浜市内の企業で働いていた。社員の福利厚生の仕事をしており、昼休みの時間、社内放送で音楽とかを流していたんだけど「落語を流したらどうだろう」って思い立ったのがきっかけで落語を聴き始め、ハマった。

テープで聴くだけじゃなく、生でも落語を聴こうと思って横浜でいろいろ見ているうちに、歌丸の落語も聴きにくるようになった。

出会いは、三吉演芸場でやる桂歌丸独演会だった。

仲入り後に抽選会をやっていて、わたしは抽選番号を発表して、景品を渡す役目。「〇〇番の方、おめでとうございま～す」なんて言うと、お客さんが抽選券を持って景品をとりに来る。ところがとある番号を発表しても、景品の引き取り手があらわれない。

どうしたもんかと思っていると、「ここです！　こっちです！　わたしが当たりました」なんて声が聞こえてくる。

仕方なく声の主を探すと、右手にワンカップ、左手におでんを持った女性がいた。両手がふさがっていたから、抽選券を持ってこられなかったらしい。まるでオヤジのような女性を見て、やれやれ、親の顔が見てみたい、なんて思ったが、のちに本当に見ることになってしまった。

このことがきっかけで、この女性は食えない二ツ目「桂歌助」の女房になった。

おかみさんのアドバイス

歌丸とおかみさんにも結婚のことを報告に行った。

結婚のことはことのほか喜んでくれた。

「身を固め、芸に専念できるね」って。

歌丸が四歳年上のおかみさんと結婚したのは二十一歳のときだ。

わたしは三十歳だったけど、まだ二ツ目になって二年目。定収入もない自由業の芸人で、売れるか売れないか将来のことは何もわからない存在だ。

世間一般では結婚には「時期尚早」と思われるかもしれないが、案外、落語家は「いちばん食えない」二ツ目のときに知り合った女性と結婚し、所帯を持つことが多い。そして結婚相手は経済的に自立している人が多いのも共通点。「髪結いの亭主」よろしく、食えるようになるまで、しばらく女房に食わしてもらう。

稼ぎのある女房がもたらす収入が二ツ目を助け、落語家を育てる。これは落語界以外でも芸人や俳優、ミュージシャン一般に言えることなのではないか？

わたしとしては「自分ひとりじゃ、とてもダメだ」というときに知り合った人と結婚することはとても自然なことだった。

歌丸の家に、ウチの女房を連れていったとき、おかみさんがしみじみと言っていた。

「あなた、仕事はやめちゃいけないよ。落語家なんて将来、何があるかわからないからね」って。食えない時代の歌丸を見知っているだけに、その言葉は真に迫るものがあった。

そんな金言を守ってなのか、仕方なくなのかは知らないが、うちの女房はいまだ会社勤めを続けている。

女房に感謝していることはもちろんだが、ふたりの子どもを産み、育児休暇もとらせてもらったわけだから、彼女が勤めている会社にも感謝だ。女房の同僚は横浜にぎわい座でやるわたしの会にも来てくれる。

そんな女房に対して、ずっとしてきたことがある。わたしが新しい噺を仕上げるとき、「最初のお客さん」になってもらうことだ。

自宅の六畳間に差し向かいで座り、たったひとりのお客さんを前にわたしが一席やる。

「最初のお客さん」はわたしが女房にできる唯一の孝行かもしれない。

歌丸の名スピーチ

結婚披露パーティーでは歌丸夫妻が仲人を務めてくれた。

十日町の親戚には「笑点」の人気者である歌丸を生で見るのは初めての人もいて、「おたくのところのせがれは随分と立派になったものだ」と言われた。

これまで心配をかけたぶん、いい親孝行になった。

結婚披露パーティーに駆けつけてくれた歌丸はスピーチもしてくれた。

「わたしが結婚したとき、師匠である今輔から、お金を稼いだらまずお米を買いなさい、とアドバイスをいただきました。お米さえ買っておけば、あとのおかずは奥さんがなんとかしてくれる、ということでした。わたしも今輔師匠の言葉を贈りたいところですが、なんと奥さんのご実家はお米屋さんだというから、お米の心配はいらないでしょう。歌助は稼いだら、おかずを買って帰りなさい。腐らないみそがいい。手前みそにはならないように」

なんとかおかずにもお米にも困らずに生活できてきたのは、女房のおかげだ。

歌丸ファミリーの一員

女房も「歌丸一家」の一員になったわけで、結婚してから、毎年一月十五日ごろ、浅草演芸ホールの昼席が終わったあとに、横浜中華街のホテルで行う歌丸一門会には家族全員が招待される。歌丸は「奥さんも子どももみんな連れていらっしゃい」と言ってくれる。「普段、苦労をかけているのだから、せめてものねぎらいを」という配慮だ。

宴席は「家族も一緒に」が歌丸のポリシーだが、ほかの師匠たちは弟子たちとの関係のなかにどう家族を入れるか、ということに迷うと聞いたことがある。

まあ、このあたりは一門によって考え方の異なるところだ。

わたしは「桂歌助」のいまがあるのは歌丸のおかげであるのと同じぐらい、女房によるところが大きいと思っている。

歌丸に押し売り

二ツ目になって何年かしたとき、母が突然「歌丸師匠にあいさつがしたい」といって、連絡をしてきたことがあった。

時期は六月で、ちょうどお中元の季節だったから、直接歌丸にお中元を渡してあいさつしたいのかなと思って、歌丸にも相談し、会う時間をつくってもらった。

約束の日に母を駅まで迎えに行くと、大きな風呂敷包みを背負っていた。うちの田舎の新潟県十日町は、雪とお米と着物が名物だ。お米は毎年、実家から歌丸に送っているし、だとすると、母は反物を師匠にプレゼントしたいのだな、と考えた。というのも、母の実家は反物をつくっているからだ。

歌丸の家に到着すると、母は「いつも息子がお世話になっております」と深々と頭を下げた。歌丸も「息子さんはよくやってますよ」なんて言って、にこやかに世間話をした。

ひと息つくと、母はさっそく荷物を広げて歌丸に反物を見せた。夏物の麻の反物で、小《お》千谷縮《ぢやちぢみ》というものだ。涼しくて着心地がいいけど、高座で着るには少しラフすぎる。遊び着でフォーマルなものではない。しかもそれは母の実家でつくっているものではなかった。

歌丸は「涼しげでいいですね」なんて言いながら、三反選んだ。

わたしも二ツ目になり、それなりに着物を着ていたので、ものを見ればいいものかどうかくらいはわかった。母が持ってきたものはどれも上等なものばかりで、それを三反だと値は相当張るだろう。母なりの、これまで師匠に息子がお世話になったことへの恩返しなのかな、なんて考えていた。

すると、母が「ありがとうございます。これとこれとこれだと、お値段はいくらになります」と言い出した。わたしは心底驚いて、「ちょっと、師匠に押し売りするようなことはやめてくれよ！」と母を止めようとした。

しかし、歌丸がそのわたしをさえぎって、「最初から買うつもりでしたから大丈夫です。ちょうどこの種類の着物が欲しかったんです」と言って、母にお金を払ってくれたのだ。

仕立ての打ち合わせを終えて、あいさつをし、表へ出た。

「おふくろ、やめてよ。まるで行商人じゃない。差し上げるんだと思ったよ」と言うと、「テレビで師匠の高座の着物を見てて、これが似合うんじゃないかと思ってね」と澄ました顔で帰っていった。

新潟から息子の師匠に売りに出かけてくる、したたかな母に舌を巻いた。

歌丸も、無理に買わされたなんて言うことはなく、ちゃんと仕立てて着物にしてくれていた。

そして歌丸はその麻の着物を着て、高座にも上がってくれた。当時は絹の着物で高座に上がるのが当たり前で、麻の着物で上がるのはあまりいいこととはされていなかった。でも、同業者たちも歌丸が麻の着物で高座に上がるのを見て「歌丸師匠が着ているんだから」って、気兼ねなく麻の着物で高座に上がるようになった。

歌丸もそれから、毎年小千谷縮で着物をつくるようになった。

母の押し売りが、意外なかたちで落語界の風習を変えてしまったことに、わたしは恥ずかしいやらうれしいやら、複雑な気持ちだった。

バトンタッチ

歌丸は以前、老人ホームで慰問公演を毎月やっていた。慰問公演を始めたのはまだわたしが弟子になる前のことで、歌丸行き着けの床屋さんからの提案で始めたという。

歌丸のおとうと弟子の米助《よねすけ》や、のちにわたしの兄弟子となる歌春と一緒に月に一回、老人ホームを訪問するのだが、当時はすごい人気で「歌丸師匠に来てほしい」という施設が殺到したとか。

もちろん無償での公演だが、歌丸は車を出してくれる人やお手伝いしてくれる人には、せめてものお礼を払いたい、という気持ちから、ボランティアのためのチャリティー寄席を開いた。関内《かんない》ホールで行われるチャリティー寄席は「本格寄席」と命名され、ほかの出演者への出演料以外はすべてボランティアの資金になった。それと同時に歌丸は老人福祉活動などを行うための「桂歌丸会」なる団体を立ち上げ、精力的に活動していた。

しかし、わたしが入門したころは、スケジュールなどのさまざまな都合で、老人ホームへの慰問公演はしばらくお休みになっていて、「本格寄席」だけは毎年やっていた。

そこでわたしが二ツ目のとき、師匠の代わりにボランティアへ行ってほしい、ということになった。

おとうと弟子の歌若も二ツ目に昇進し、ふたりで毎月老人ホームをまわることになった。

これがすごく大変だった。歌丸や米助、兄弟子の歌春の代わりに二ツ目のわたしや歌若が公演をする。当然お年寄りたちはわたしたちのことを知らないので、訪問してもぜんぜん喜んでもらえなかった。一所懸命しゃべっても、いや、一所懸命しゃべるからなのか、ぜんぜん笑ってももらえなかった。

師匠方との差を見せつけられたようで落ち込んだけど、老人ホームの職員の方々が、「笑ってないように見えるかもしれませんが、みなさん普段見せない柔和な顔になっています。声までは出せませんが、笑顔になっていますよ。それに職員はみな笑ってますし、職員にとってはリフレッシュになります」って言ってくれていた。

これは絶対に続けなければ、と思った。歌丸が立ち上げた「本格寄席」にも出演し、「桂歌丸会」のみなさんも、歌丸がボランティアをしていたときと同じように支え、協力してくれた。

二ッ目時代から始めたボランティアは、いまも続けている。残念ながら「本格寄席」と「桂歌丸会」は歌丸が「笑点」を引退したときに解散してしまった。歌丸も、もう資金援助もないから終わりにしてもいいのではないか、と気遣ってくれたが、歌丸から受け継いだものを終わらせたくない、施設の方々が待っている、という思いで、いまも歌若とふたりでやり続けている。

持ちネタ

わたしはこれまで三百席ぐらいのネタを稽古した。多い？　そんなことはない。歌丸はたぶん千まではいかないだろうが、それに近い持ちネタがあるはずだ。

歌丸から直接稽古をつけてもらって引き継いだのは……前座時代に稽古してもらった「新聞記事」「道灌」「素人鰻」「越後屋」のほか十一席。

いずれもわたしにとって「宝物」のような存在であることは間違いない。一方で、高座にかけるとき「師匠のかたちをあまり崩してはいけない」というプレッシャーをつねに感じる噺でもある。だがある程度変えないとお客さんを笑わすことはできない。そのあたりにいつもジレンマを感じてしまう。「宝物」であるが「やりにくい噺」であることも確かだ。

歌丸は寄席などで偶然、わたしたち弟子の噺を聴く機会があると、アドバイスをくれることも多い。的確なものもあるし、明らかに弟子をからかっているのではと思われるものもある。

アドバイスはありがたく拝聴する。だがおとうと弟子の桂枝太郎の場合はかわいそうだった。

「ん廻し」という噺がある。そのサゲの前に「あそこで〝ドンパン節〟をやったらいいよ」と歌丸が言ったのを聞いた。素直に聞いていた枝太郎だが、そこを変えると噺の「尺」からすべてが変わってくる。だから枝太郎は、歌丸の前で「ん廻し」ができなくなった。わたしにもそんな噺がいくつかある。

歌丸は、生まれ育った家が遊郭で、子どものころから遊女たちに接していたせいか、女性を演じるのがうまい。とくに「お見立て」の喜瀬川花魁なんかやらせるとほれぼれするぐらいいい女っぷり。

「歌助さん、女性を演じるのがうまいね」などとお客さんから言われることもあるが、歌丸はじめ上には上がいるのだ。

三人の二ッ目

わたしと同じ時期に入門した桂平治、桂三重丸と二ッ目には一緒に昇進した。

「一緒に会をやろう」ということになり、国立演芸場で「なめくじ長屋の三人衆」という会を開いていた。「なめくじ長屋」とは古今亭志ん生が書いた著書『びんぼう自慢』（ちくま文庫）に出てくる長屋の名前。志ん生が売れる前に住んでいた貧乏長屋のことだ。

食えない三人が集まっての会だったが、やっていくうちにお互いの芸の方向性も違ってきたことから立ち消えになった。

わたしと平治は古典落語。すでにできあがっているものを演じる。自分なりのアレンジを加えることもあるが、寄席や落語会の高座に上がっても、無難に演じればお客さんにウケるし、会を主催する側も安心して呼ぶことができる。

ところが三重丸の場合は、師匠が新作落語の人だから、それを引き継いだ。

わたしも新作をやる。自分で噺をつくり、演じるのはおもしろいが、それがお客さんにウケるかどうかは話が別。桂米丸も新作の落語家で、「自分がつくった噺は百本つくって一本残ればいい」と言っている。

久しぶりに寄席に出たときのこと、先輩から聞いた。

「三重丸やめたみたいだぞ」

「えっ、いつですか？」

「俺も人づてに聞いただけだが、つい最近だって。歌助さんは確か同期だよな」

「はい。一緒に二ッ目に上がりました。またどうして……」

先輩は音をたててお茶をすすると「新作はやっぱりキツい。あいつ末廣亭でやった新作の会で、ロンドンブーツを履いて高座に上がり、下ネタをやったって聞いたけど、限界があるわな」。

二ッ目は食えない。食えないなか、もがきにもがいて日々の糊口をしのぐ。三重丸もそんな生活に疲れてしまったのだろうか？

その夜、彼が住んでいるボロアパートの部屋に電話をしてみた。

「おかけになった番号は現在使われておりません」。オペレーターの声が流れるだけだった。師匠から「破門」になったという話は聞いていないから、自主廃業だったのかもしれない。

賞はゼロ

二ッ目は自由でもあるが、そのぶん大変な時期でもある。三重丸のように二ッ目で廃業してしまう人もいる。

わたしがなんとか二ッ目時代を切り抜けられたのも、本当は奇跡のようなものかもしれない。

四苦八苦していた二ッ目時代、世間では若手落語家を応援しようという風潮が強く、落語のテレビ番組や落語コンクールがあちこちで行われていた。

伝統のあるNHK新人落語コンクール（現在は漫才と合同になり新人演芸コンクールに改称）や、国立新人大賞、ほくとぴあ新人大賞などがあった。テレビでは、各派関係なく二ッ目の落語家を集めた深夜番組なんかをやっていた。

わたしは、NHK新人落語コンクールとほくとぴあ新人大賞に二回出場した。NHKのほうは二回とも予選落ちで、本選には出られず、ほくとぴあ新人大賞も協会代表で二度出場したけど、両方とも賞はとれなかった。

いっぽう、同期で一緒に前座、二ッ目になった平治はNHK新人落語コンクールでもほくとぴあ新人大賞でも賞をとっていた。平治は天才だ。持って生まれた才がある。それに加えて、努力も欠かさない。

わたしが賞をとれなかったのは、明らかに芸が劣っていたから。しかも二ッ目のときぐらいから、落語以外にもさまざまな芸を学び、身につけることをライフワークにしていた。もちろんそれは落語にも生きると思ったからだけど、踊りや囲碁、東八拳《とうはちけん》など興味のあるものはなんでもやった。

平治が次々と賞をとるなか、にっかん飛切新人賞というものにわたしも出場することになった。この出場は、おそらく歌丸が推薦してくれて叶ったものだ。

二ッ目が何人か出場するのだが、どんなかたちでメンバーが推薦されるのかよくわからなかった。でも、なぜかわたしが出場することになった。

歌丸がわたしのことを、ほかの芸ばかりに手を出して、なかなか落語に真剣に取り組んでないようだと考えたのかもしれない。とにかく心配して推薦してくれたのだろう。

もちろん歌丸の性格からして、直接「おまえを推薦しておいたよ」なんてことは言わない。陰からそっと応援してくれていたのだ。

でも、当時のわたしはそんな歌丸の気持ちにはぜんぜん気がつかなかった。親の心子知らずとはまさにこのこと。

そのときに見に来てくれたお客さんが笑ってくれればいいや、って感じで、審査員の目にとまる工夫とかそんなこともまったくしなかった。二度高座に上がったけど、ひとつは

「金明竹《きんめいちく》」をやって、あともうひとつは何をやったかさえ覚えてない。

そんなんだから結局、歌丸の推薦までもらって出場をしたこのにっかん飛切新人賞でも、賞をもらうことはなかった。

同期の平治は数々の賞を総ナメ、いっぽうわたしの賞はゼロ。

それでも二ツ目時代を乗り切ることができたのは、日々高座に上がって、お客さんがたくさんいようといまいと、笑ってくれさえすればいい、という思いが根底にあったから。

歌丸はつねづね「『笑点』はアルバイト、本業は高座」と言っていた。もちろん「笑点」も真剣にやっていたはずだが、わたしはいつも、そういう歌丸の背中を見ていた。だから、なんとか二ツ目時代を乗り切ることができたのだ。

❸ 「塩原多助一代記」と歯周病

歌丸が圓朝ものを手がけ始めたのは、わたしが入門して数年目、まだ前座のころだった。あるとき歌丸から「神保町《じんぼうちょう》の古本屋で圓朝全集を買ってきて」と頼まれ、買って帰ったことがあった。歌丸は毎年、四月と八月に国立演芸場の興行でトリを務めていた。八月の興行の目玉に、と圓朝の怪談噺をやり始めた。

当時歌丸は、ちょうど五十を過ぎたころ。落語家として脂が乗っている時期とはいえ、一般的にいえば記憶力が徐々に低下してくる年代だ。いまのわたしがちょうど当時の歌丸と同じぐらいの年齢だが、やはり以前に比べると新しいネタを覚えるのが大変になってきている。そんな年齢に、歌丸は圓朝の怪談噺をやり始めた。

圓朝の怪談噺は一席五十分近くもある。登場人物や地名だけでもいくつ出てくるかわからない。だが、歌丸の記憶力は凄まじかった。本人は覚えられない、覚えられないと口にしていたが、完璧に話していた。わたしはそのときまだ二十代だったが、とても真似できないと思った。

しかもこの圓朝の怪談噺、ただ丸暗記をすればいいというものではない。全集をそのままし ゃべっても、表現や言い回しが難しすぎてお客さんに伝わらないのだ。だから歌丸は全集を覚えたうえで、表現を変えたり、もとのものにはない会話を差し込んだりして、わかりやすくしていた。これがさっきから書いている「埋もれていた噺を掘り起こす」という歌丸のライフワークである。まさにそれが神業なのである。

「江島屋《えじまや》」「牡丹灯籠」「真景累ヶ淵《しんけいかさねがふち》」「乳房榎《ちぶさえのき》」と、これまで圓朝のネタをここまで手がけた落語家はいない。圓生がやらなかった噺を完成させたこともあった。

圓朝の「塩原多助一代記《しおばらたすけいちだいき》」は怪談噺ではなく、人情噺だ。歌丸が怪談噺ではなく、人情噺をやると決めたのは、手がけたい怪談噺を一通りやりつくしたからだろう。

この噺は、修身の教科書にも載った立身出世の物語だ。主人公の塩原多助には、生みの親と育ての親がいる。ふたりの父親の名は、両方とも角右衛門《かくえもん》。同姓同名だ。

この角右衛門、ひとりは上州なまり、ひとりは江戸の武家で、それぞれを演じ分けなければいけない。これが恐ろしく難しい。

さらに登場人物も多く、上州の地名が多く出てきて、これには歌丸も大変苦労していた。

しかし、圓朝全集の解説を書いている青山学院大学の先生が、歌丸の公演を聴き、圓朝全集を忠実に再現していると驚かれていたことがあった。やはり研究者の目から見ても師匠の噺はすばらしいんだと改めて気がついた。

歌丸は昔から病気がちだったが、歯が丈夫なことだけは自慢していた。これまで虫歯になったことがなかったという。当然、入れ歯もない。はっきりとした歯切れのいいしゃべりも、歯が丈夫だからこそできたことかもしれない。

だが、歯は丈夫でも、年齢とともに土手のほうが弱ってきてしまった。歯周病というやっかいな病気だ。歯の手入れを入念にしても歯肉が痩せて支えられなくなり、あるとき、食べていて歯が欠けてしまった。

それまでは一度も歯医者に行ったことがなかった歌丸だったが、初めて歯医者に行き、差し歯をつくった。しゃべりに支障が出ないよう、何度も調整し直した。

余談だが、歌丸は歯医者で治療しているとき、大きい地震にあったそうだ。驚いて、前かけをつけたまま、外に飛び出したら、向かいのビルの人に大笑いされたと、高座でネタにしていた。

やはり、転んでもタダでは起きないのがわが師匠だ。

歯周病になってからは、しゃべりも以前に比べるとゆっくりになった。だが、芸が劣ったわけではない。歌丸はゆっくりになったしゃべりを逆手にとり、また違った芸へと進化させた。以前は、テンポのいいしゃべりでどんどんお客さんを引っ張っていくスタイルだった。テンポがゆっくりになると、今度はお客さんとともに落語の世界に入っていくような芸に変化した。どちらも歌丸のつくりあげた芸であり、どちらもお客さんの空気や反応がよくわかっているからこそできる芸である。

この「塩原多助一代記」は、いまのゆっくりしたテンポで演じるほうが、より真に迫ったものになる。歯周病が歌丸の「塩原多助」の助けになったのだ。

歌丸は何度も入院しているが、必ず病院に圓朝全集を持っていく。枕元に置いて、いつでも読んでいる。ここをこうしよう、あそこをこうしようと話す。時には本当に枕にして寝てしまうこともある。だから、この「塩原多助一代記」も、さらに完成された形でお披露目する日も近いだろう。

第四幕

真打《しんうち》

真打前のしくじり

真打昇進が決まる直前、わたしはまたうっかりミスをしてしまった。

居酒屋で酒を飲みながらワイワイガヤガヤしゃべっているとき、なんの気なしに携帯電話をいじっていた。ふと見ると、ボタンを押し間違えて、歌丸の家に電話をかけていた。時間はもう夜中の一時過ぎ。通話中になっているから、歌丸かおかみさんが出たんだ、どうしよう、って焦って、謝りもせずに切ってしまった。

たぶん、居酒屋で酒を飲んで酔っぱらってあることないことしゃべっている声も聞こえている。歌丸の悪口は言ってなかったからそれは助かったが、どうしよう、かけ直して謝ったほうがいいのか……でも、夜中だし、またかけたら起こして、さらに怒られてしまうかもしれない。それに、歌丸の家の電話は当時、ナンバーディスプレイではなかった。わたしだとはバレてないかもしれない、でも……。

そんなことを考えているうちに、眠れなくなって、朝になった。

バレてるのか？　バレてないのか？　とりあえず歌丸の家に行って「紙入れ」の貸本屋

さんのように、探りを入れてみることにした。

「師匠、おはようございます」

「ああ、おはよう」

歌丸は何も言わない。わたしがかけたことはバレていないのか？

「先日、寄席でこんなことがありまして……」

わたしは適当な世間話を始めた。歌丸は「そうかい」といつもと変わらない様子だった。そのあともいくつか適当な話をしたが、電話の話は出なかった。どうやらバレてなさそうだ。

ほっと胸をなでおろして「それでは失礼します」って席を立とうとしたとき、歌丸が「歌助、きのうの夜中に電話をかけてきたが、なんの用だったんだ？」と言ってきた。

うわー、やっぱりバレていたのか……。

「すみません、夜中に携帯をいじっていたら、間違えて知らずにかけてしまいました」。そうわたしが謝ると「夜中の電話だからね、何か急なこと、たとえば不幸があったのかなと思って、しばらく寝ずにおまえからの電話を待っていたんだよ」と歌丸はやさしく言った。

「すみません、師匠、安眠を妨害してしまいました。申し訳ありません！」。平謝りをして歌丸の家を出た。また下手なドジを踏んでしまったと落ち込んだが、家に行ってもすぐにはその話題に触れないうえに、怒鳴ったり怒ったりしないでやさしく諭してくれたことに歌丸の器の大きさを感じた。

真打昇進

それからまもなくして、わたしの真打昇進が決まった。真打の昇進は一年前くらいに理事会で決定する。順番どおりにいけば、平治とわたしが真打に昇進する予定だった。

理事会で真打昇進が決定すると、二ッ目昇進のときのしくじりを知っている事務局がすぐに電話をよこしてくれた。どのタイミングで行こうか、師匠や自分の仕事を考え、翌朝歌丸の家に向かった。このまえは夜中の電話のことを探りに、その日は真打昇進を歌丸の口から聞くために。なんか変な感じだ。

家について、さっそく歌丸の部屋に行く。

すぐには真打昇進の話題にはならない。

わたしはこのまえのことを謝った。

「このまえは申し訳ありませんでした」

「うん、こないだの夜中の電話以来、夜寝られなくなってな」

「すみませんでした」

そんなやりとりの途中で、歌丸はふとテレビに視線を移して、そのまま「真打昇進が決まったよ」と言った。

事務局からの電話で知っていたとはいえ、歌丸の口から直接聞くことができた。

「ありがとうございます、師匠」

わたしの言葉に歌丸は「夜中に酒飲んで酔っぱらって、電話をかけてこないようにな」と笑って答えた。

「真打になったとき、どうするか」

入門から四年で二ツ目に昇進した。そして一九九〇年から九年間続いた二ツ目時代。このあいだに結婚をし、家庭を持ち、子どももふたりできた。「食えている」と胸を張っては言えないけど、どうにかこうにか貧乏生活を乗り越えることができた。女房の力も大きかった。

そして、一九九九年五月、三十六歳。入門して十四年で真打に昇進。歌丸から真打昇進を告げられたのが、その一年前だった。

前座時代には「早く二ツ目になって自由になりたい」という目標があった。

二ツ目のころは……何を目標としていたのか？ 「早く真打になりたい」というよりも、「真打になってからどうするか？」を目標にしていたように思う。

具体的に言うと「どうやって、人とは違う真打披露をするのか？」「真打披露パーティーや興行にどれだけ多くのお客さんを呼べるのか？」ということ。

それは「不特定多数」のお客さんではなく、「必ず来てくれる人」、つまり「わたしのお客さん」だ。真打昇進とは、二ツ目時代、あちこちで落語会をやらせていただき、そのなかでつくりあげてきた人脈が試されるときでもあるのだ。

「笑点」でしくじった

真打披露興行の前にやる大仕事がひとつある。

それは真打のあいさつまわりだ。いまは記者会見形式になっているが、昔は師匠と本人が一緒に、寄席、新聞社、テレビ局をまわっていた。よっぽど大きな事件でもないかぎり、翌日のニュースにしてくれるのだ。

歌丸が人気者のお陰か、各局で丁重な扱いを受けた。


「笑点」でも真打披露がある。寄席の真打披露興行では、本人が口上を言うことはない。でも「笑点」では自己紹介を兼ねて、本人も一言あいさつする機会があった。

歌丸の弟子として、「笑点」での失敗は絶対に許されない。そう思うあまりに、緊張と不安がおそってくる。

「新潟出身、魚沼産のお米で有名な、と、とおか町出身。し、しんまい真打桂歌助をよろ……」

「はい、カット。歌助師匠、もう一度お願いします」

自分で考えた、たった一言だけのセリフを間違えてしまった。

歌丸が心配そうにこちらを見ている。

今度こそ、と挑んだ二度目でOKが出た。歌丸もほっとした様子だった。

肝心なところでいつもしくじり、歌丸に迷惑をかける。真打になってもそれは変わらなかった。

真打披露興行

真打披露興行は、新宿末廣亭、浅草演芸ホール、池袋演芸場で各十日間ずつ順繰りに行った。末廣亭の昼席のトリがわたしで、夜が文治。浅草の昼席はわたしと文治とが五日間ずつトリをとり、池袋では昼が文治でわたしが夜のトリ。しばらく休んで九月から国立演芸場で……というスケジュールだ。歌丸も、この真打披露興行の予定にあわせて自分のスケジュールを調整し、すべての公演に出てくれた。

わたしは歌丸が贈ってくれた黒紋付きの着物を着て、高座に上がった。

口上では歌丸をはじめ、米丸、米助、兄弟子の歌春ら、落語芸術協会の会長、副会長、理事がずらりと並び、新真打に対する励ましとも冷やかしともつかない一言を述べていく。

「どこかに新潟出身をウリにしている師匠もいましたが、この者も新潟県出身の田舎者でして……」

「昔は高校の数学教師を目指していたそうですが、何を間違えたかこの世界に迷い込み、いまや一丁前の顔をしていますが……」

「芸も人間も顔も未熟ですが、お客さんのご厚情をもって育てていただき……」

「これからもこの顔と名前を覚えていただき、寄席に出ていたら一声かけてください。そのあとご祝儀も頂戴し、一杯飲ませていただければ……」

お客さんはその言葉に、ときに納得し、ときに笑う。ときどき、師匠たちの口から放たれるキツいシャレもまたご愛嬌。お祝い気分がすべてを吹き飛ばしてくれる。

歌丸は口上で「うまい落語家になることはない。おもしろい落語家になれ」とくり返した。これは歌若、歌蔵、枝太郎が真打に昇進したときも歌丸が言う「決まり文句」でもある。

しくじりを全世界に中継

真打披露パーティーは文治とともに東京会館でおこなった。パーティー自体は、盛況のうちに終わったのだが、じつはまた歌丸にたいして、ささいなしくじりをしてしまった。

パーティーは、結婚披露宴のように、檀上にわたしと歌丸、文治と先代の文治が上がり、お客さんと向かい合って座り、そこで食事などをする。

そして、これまた結婚披露宴と同じように、ひとつひとつのテーブルをまわって、来てくれたお客さんにあいさつをする。しかし、わたしがテーブルをまわると、親戚やお客さんがぜんぜんテーブルにいない。

ふと見ると、わたしの親戚たちが歌丸と写真を撮ろうと、檀上に列をなしている。歌丸がわたしの代わりに相手をしてくれた格好になってしまった。

それだけならまだいいのだが、親戚のひとりが歌丸と写真を撮る際に「頭がまぶしくて、ハレーションを起こしてしまう」とかなんとか歌丸の頭のことをいじった。歌丸はもちろんその場では何も言わなかったが、あとから「あれはおまえの親戚か？」と聞かれてしまった。酔っぱらっていたとはいえ、失礼な言動だ。いまでは笑い話だが、当時は親戚までしくじっている……と恥ずかしかった。

しかも、じつは当時、インターネット回線の会社に勤める友人に頼み、真打披露パーティーの様子をネット中継していた。業界初の試みであったが、しくじった様子が全世界に中継されてしまった……。

旅立ち

落語家の身分は「前座」「二ッ目」「真打」の三つだけ。真打に昇進して、一応は師匠・歌丸と同格になった。真打になるということは、ある意味、自分の師匠とライバル関係になるということでもある。

真打になったからには、ほかの落語家と違うことをして少しでもアピールする必要がある。それには、真打に昇進したばかりで世間がわたしに目を向けているこの時期がいちばんだ。

池袋演芸場での真打披露興行の十日間が終わり、一週間ほどゆっくり休んで、六月二十七日、わたしは新真打として旅立った。

「旅立ち」というのは文字通りの「旅立ち」で、わたしが二ツ目時代にお世話になった方のなかに斎藤さんという方がいて、この方が「旅人《たびにん》倶楽部」の会長をしていた。

斎藤会長はなかなかのアイデアマンだった。

「歌助さん、真打になったのだから話題づくりも必要だよ」とアドバイスをいただいた。

そこで斎藤さんが口にしたのは、真打披露を東海道五十三次、全宿場でやろうという提案だった。わたしが江戸時代の旅人の装束を着て、東海道五十三次と京都から大阪までの四次をあわせて五十七次を歩きながら、各宿場で落語をやるという遠大な計画だ。

「全宿場で寄席をやる」といっても、旅立ちの時点では、まだ半分ほどの宿場しか決まっていなかった。だが、食うや食わずの二ツ目時代を過ごすことによって、わたしのなかには、芸人稼業とは「こういうことやれる?」とか「落語をやってほしい」とか言われればどこへでも出かけていくものだ、という覚悟はできていた。だから、この旅を断る理由はどこにも見当たらなかった。

企画してくれた斎藤さんに「是非、やらせてください」と答えた。女房をはじめまわりの人、二ツ目時代にわたしを応援してくれた人にも「旅立ち」を伝えた。いや、ただひとり、伝えなかった人がいた。師匠・歌丸だ。

歌丸に旅立ちのことを相談したら、「そんなことはおやめなさい」と叱られる予感もあった。だいたい、予定も半分しか決まっていない。「箱根を越えられるだろうか」「完遂できるだろうか」と自分でも半信半疑だった。だから黙って出かけたのだ。

きっと応援してくれているはずだ

わたしが真打に昇進し、旅に出た一九九九年は東海道制定四百周年を迎える二年前。あらゆるメディアにそのことが取り上げられるようになり、「東海道」への注目が集まっていた時期でもあった。

そんなふうだからついていたともいえる。わたしが日本橋を出発する様子は、NHKのテレビでも取り上げられた。

「落語芸術協会所属の落語家・桂歌助さんが真打昇進を機に、東海道を徒歩で旅しながら全宿場で落語をやります」って。

意気込みを聞かれて、わたしは「落語のなかには旅の噺も多く、東海道を題材としたものも多くあります。自分の足で歩いて勉強をすることで、落語表現の幅を広げていければいいですね。また各宿場でわたしの落語を聴いてくださるみなさんとの出会いも楽しみにしています」なんて答えた。

さすが天下のＮＨＫだ。わたしの旅の話は一気に広がりを見せる。

旅立ってからも、神奈川新聞などのメディアが、「桂歌助さんが○○に到着」なんてニュースを掲載し続けてくれた。静岡のローカル放送は毎日、ニュースで流してくれた。

そんなお陰もあって、旅立つ前は半分の宿場でしか開催が決まっていなかった落語会もすべての宿場で開くことができた。四百周年のこともあって、うまく時流に乗ることができた。

でも、歌丸に黙って出かけたことは「まずかったんじゃないかな？」とつねに頭の中にあった。

だがわたしの東海道の旅はいろいろなメディアで取り上げられ、歌丸も当然、目にしているだろう。きっと陰ながら応援してくれているに違いないと勝手に思い込んでもいた。

歌丸への手紙

旅の途中の宿場で、伊勢型紙をつくる体験をした。自分でつくった型紙を使って歌丸に手紙を出した。

歌丸が契約農園から取り寄せているお茶の産地、掛川《かけがわ》に寄ったときご祝儀をいただいたことにも触れ、「自分でつくった型紙に一筆したためています。掛川ではご祝儀を頂戴しました」と書いた。歌丸は何も言ってはこなかった。

東海道の旅は六月二十七日から八月三十日まで、途中二日間休んだだけで六十三日間に及んだ。梅雨の時期から盛夏の暑さへ。まるで修業僧が行脚するようなつらさもあったがなんとか完遂することができた。

旅の締めくくり、京都・八坂《やさか》神社にある能舞台での会では、京都の方々から厚いおもてなしを受けた。ここにもNHKの取材が来てくれ、すべてが終わったときは涙が出た。

そして旅の終わりにわたしの人生を大きく左右するようなことが待ち受けていた。

ゴールである京都にたどり着く前の最後の宿場、草津に東京からわざわざ訪ねてきた人があった。

高級そうなスーツをおしゃれに着こなし、Sと名乗ったその人は名刺を差し出した。

「わたしは『水戸黄門』のプロデューサーをしています。最初は歌助さんの旅をニュースで知り、大変興味を覚え、追いかけていました」と言う。

テレビに疎いわたしは名刺を見てもわからなかったが、業界では知る人ぞ知るという人だったらしい。

「それはどうもありがとうございます。お陰様でここまでたどり着くことができました」

わたしは、ニュースか何かの取材かと思ったが、「水戸黄門」という言葉にひっかかった。

「水戸黄門」はTBSの看板時代劇で、国民的人気番組といってても過言ではない。

一九六九年に放送開始。主人公の水戸光圀を演じた初代が東野英治郎さん、二代目が西村晃さん、そして一九九三年から佐野浅夫さんに代わっていた。

当時は佐野黄門の第二十七部が放送中だった。

「じつはお願いがあって参りました」

「なんでしょうか?」

「歌助師匠がたどった東海道の旅を『水戸黄門』の番組のなかにも生かしたい、と考えておりまして……」

「水戸黄門」は主人公たちが旅をする時代劇だ。新しい番組を企画するうえで、何かをわたしに求めているのかもしれないと考えた。

「できることでしたら、協力させていただきます」

Sプロデューサーはわたしに会うためにわざわざ訪ねてきてくれたわけだし、番組企画に関するアドバイスぐらいならわたしにもできるだろうと思った。

「そうですかぁ〜。それはよかった。いやぁ〜訪ねてきた甲斐があったなあ」

Sプロデューサーは相好を崩し、とんでもない提案をした。

「お願いというのは……来年の『水戸黄門』の新シリーズに出演していただきたいんです」

「へっ……」

いきなりの出演依頼に頭がくらくらした。「この人は詐欺師か?」と思って、何度も名刺を見返した。

鳩が豆鉄砲を食らったような顔をしているわたしに、Sプロデューサーはたたみかけた。

「歌助師匠用の役をひとつこしらえますから」

「わかりました。わたしでよろしければ、出させてください。お願いします」

気がついたらわたしはそう答えていた。

チャンスが巡ってきたのだ。それもとてつもない大きなチャンスが。歌丸がレギュラーを務めている「笑点」にも人気で引けをとらない局の看板番組への出演は、落語家にとってもまたとない機会だ。「桂歌助」という名前を全国区にすることができる。はるか遠くにかすんだように見えていた歌丸の背中をとらえることができるかもしれないのだ。

歌丸に黙ってでも、旅に出てよかったと思った。

師匠の怒り、弟子の恨み

歌丸が「カラスは白い」と言えばそれに従ってきたつもりだ。一般の世界での非常識も、落語家の師弟関係においては常識。徒弟制度のようなもので、師匠や先輩からの理不尽に耐えてやっと一人前になれる。それは先輩が通ってきた道でもある。

それを知ったうえで、入門をし、修業に励む。真打になったからといって、それは変わらない。師弟関係は一生続く。

だがその一方で、「真を打つ」ということは一家を構えて、師匠から独立を果たすということでもあるのだ。

だからわたしは、新真打としての自己プロデュースのひとつとして、歌丸が思いもつかない六十三日間に及ぶ東海道五十三次の「旅打ち」落語を完遂した。各宿場で開かれる会の企画などは斉藤さんが行ってくれたが、毎日、違った客層を前にして落語をやり続けるという経験は、落語家を続けていくうえで大きな財産になった。

そして旅に出たおかげで「水戸黄門」への出演というチャンスを得ることができた。

歌丸はこれまで一度もわたしをほめてこなかった。

それは歌丸が入門のときに話した「ほめる人は敵と思え、叱る人は味方と思え」という考えがあったからというのはわかっている。

でも、真打になったいま、ほかの人とは違うことに挑戦するわたしを少しばかりはほめてくれるのではないかと思った。

わたしは、新宿末廣亭、浅草演芸ホール、池袋演芸場と三カ所での真打披露興行を終えてから旅立ったのだが、帰京してから国立演芸場での披露興行が残っていた。当時は自主興行のかたちをとっていて、わたしが自ら演芸場を借り切って行った。

旅のあいだじゅう、歌丸には電話連絡はせずに旅先で出した手紙だけだった。

披露興行では、恒例の口上がある。歌丸や落語芸術協会の幹部たちがずらりと並び、一言ずつ口上を述べる。お客さんも楽しみにしてくださっている華やかな舞台だ。

そのような場で、弟子のことをほめる師匠はいない。「ふつつか者ですが……」「芸は未熟ですが……」などと言いつつ、「どうぞ弟子をよろしくお願いします」とお客さんに頭を下げるものだ。

歌丸は、新宿末廣亭、浅草演芸ホール、池袋演芸場で「うまい落語家より、おもしろい落語家になれ」という口上を述べてくれた。今回もそう言ってくれるものだと思っていた。

ところが歌丸は、最後の最後、この国立演芸場の真打披露の総まとめで「人として道にはずれるようなことはしないようにしてもらいたい。本日お集まりのみなさまもよく見守っていてください」と言った。前三つの寄席ではなかった文言だ。

聞いていたお客さんはそれほどのこととは思わなかっただろうが、楽屋では「歌助さん、師匠になんか悪いことでもしたのかい」とみんなから聞かれた。

つまり聞いた兄弟弟子も「あれ？」と思うくらい、歌丸の口上はキツい調子だったということだ。

歌丸は怒っていたのだ。一言も告げずに旅立った弟子に。口上で言われるまで気がつかなかった。「落語家は余計なことをするものじゃない」とつねづね歌丸は言っていた。

黙って旅に出たわたしにも非があるが、怒っているのだとしたら、わたしに直接言ってほしかった。だが歌丸にはそういうところがある。直接言わず、人が集まっているところで言うのだ。これははっきり言って効く。

「水戸黄門」の撮影

わたしが「水戸黄門」に出演することについて、歌丸がどう思っているかわからなかったが、東海道五十三次の旅打ち落語から戻ってきてすぐ、番組の打ち合わせのため、銀座にあった広告代理店の子会社を訪れた。

いまはどういう仕組みになっているかわからないが、事務所の机の上にはいろいろな時代劇やドラマのシナリオが置かれていて、役柄ごとに箱が用意してあった。そこに芸能事務所の人が俳優や女優のプロフィールを入れていく。共同入札みたいなシステムをとっているようだった。

そんな様子を横目にわたしは社長室に通された。

旅打ち落語で、五十三次最後の宿場、草津までわたしを訪ねてくれたSプロデューサーら関係者が待っていた。

「その節は失礼しました。出演を快諾していただきありがとうございます」と穏やかな表情でSプロデューサーが切り出した。

「ありがとうございます」はこちらのほうだが何しろ勝手がわからない。真打になり、披露興行まで行っているとはいえ、若葉マークはまだとれていない。いまでこそ外出も含め、日常生活を着物で過ごしているが、私服の落語家は、休日のお父さんとなんの変わりもない。

「はぁ、どうも、こちらこそ」

出演料から撮影調整のこと、京都での宿泊のこと、何から何までマネージャーなしで直に話が進む。

わたしはただ「お任せします」というセリフをくり返すだけ。

「撮影スケジュールを調整するので、空いている日を教えてください」

わたしは手帳を取り出して、「この日とこの日は仕事と打ち合わせが入っています」って。たいした仕事でも、打ち合わせでもなかったのだが、ちょっとだけ見栄を張ってしまった。プロデューサーや社長までもが「師匠」という敬称を使うため、ちょっとだけ「わたしはもう師匠なんだ」と鼻が高くなり、いらない見栄を張ってしまったのだ。

「お任せします」「撮影を優先します」と言っていれば出番がもっと増えたかもしれない。

だがSプロデューサーが提示した役柄は準レギュラー。名前もそのまま「歌助」。まぬけな、旅の案内役ということに決まった。

歌丸は「笑点」の人気者。そしてわたしは「水戸黄門」の人気者への道を歩み始めた。はるか遠くにあった歌丸の背中をとらえた、と思った。

無反応

歌丸に断りもなく旅に出たことで、わたしと歌丸のあいだにわだかまりが生まれた。

あの国立演芸場でのキツい口上のあと、楽屋でも歌丸の家でも東海道五十三次のことにたいして、何ひとつ小言を言われたことはなかった。だから、歌丸が何を怒っていたのか、本当のところはよくわからないでいた。確証が持てれば謝ることもできるが、理由がわからないのだからそれもできない。

結局、わだかまりを解消できないまま「水戸黄門」の出演が決まった。

楽屋では、京都の太秦《うずまさ》撮影所での撮影を経験した笑福亭鶴光《つるこう》があれやこれやと熱心に教えてくれた。

歌丸も時代劇「旗本退屈男」の撮影で、太秦に行ったこともあった。何かアドバイスをもらえるかもしれない。そんな期待もあって「水戸黄門」の台本を持って、歌丸の家を訪ねた。

「師匠、『水戸黄門』に出ることになりました。佐野浅夫さんが黄門役で……」とわたし。

「『笑点』と並ぶ国民的な人気番組です」という言葉をわたしは飲み込んだ。

「そうですか……」と歌丸の反応は薄い。

「それはよかった」でも、「がんばれよ」でもない。

わたしは「水戸黄門」の台本を見せ、「まぬけ」という設定だった役をどう演じたらいいか相談をした。

「ちょっと貸してごらん」

歌丸はざっと台本に目を通し、まぬけなキャラクターを演じてみせた。落語の稽古は何百回とやったが、時代劇の稽古は、当然初めてだった。

歌丸はいとも簡単に「まぬけ」っぽさを自然に出した演技を見せてくれた。だが、わたしには到底真似できそうになかった。

歌丸の演技が終わり、わたしが戸惑っていると「おまえには難しいかもしれないね」と一言。

さらに「落語家は落語をやることが仕事。落語道を進んでいくなかでほかのことをやるのは構わないけどね。いままで、多くの落語家が主の仕事とアルバイトを反対にして落語を磨いてこなかった。おまえもそうならないように」と言った。

歌丸がいつも「笑点」はアルバイトだと言っていたことからすれば、至極まっとうな話だ。演技指導をしてくれたこともうれしかった。

だが、いくら弟子をほめない歌丸でも、さすがに「水戸黄門」出演ともなれば「よくやったな」くらいの一言はもらえるものだと思っていた。

放映が始まってからも、歌丸は一言も「水戸黄門」について触れることはなかった。

役者と落語家の違い

歌丸が出演している「笑点」は、日本中の落語家が出たい番組だが、「水戸黄門」は日本中の俳優、女優が出たい番組だろう。

わたしは「水戸黄門」の準レギュラーとして四話に出演しているが、落語家と役者の違いについて考えるところもあった。

落語は最初から最後まで順番に噺を覚えていく。そのなかでいろいろな役柄をひとりで演じるわけだが、セリフも全体の物語のなかの一部として記憶する。ところが役者、時代劇をはじめテレビに出ている役者は、セリフを短冊状にして、自分の部分だけを覚えている人が多い。覚えたあと、撮影が済めば忘れる。そしてまた新しい役のセリフを上書きしていく。

いっぽう、落語家の場合、前座のころに覚えた小噺は、一生使えるのだ。

慣れない俳優をなんとかこなそうと、わたしは監督に聞いた。

「自分のキャラクターをどんな感じでやっていけばいいのですか?」と。

なんでそんなことを聞くの、という顔で監督は答えた。

「いまのあなたの言葉は、わたしたちがあなたに聞く言葉なんです」

つまり、わたしが「水戸黄門」に呼ばれた意味はこうだ。

このシリーズの目玉の「歌助」というキャラクターを台本上につくるから、そのなかで個性を発揮して、自由に演じてほしい。それにまわりが合わせていきますよ、と。

事実、監督によっては「自分のシーンは、自分が主役になったつもりでやってください」とはっきり言う人もいた。自分のキャラを前面に出して、変なことやってもいいよ、ということだ。

だが、思うようにキャラクターを演じることができない。

初めて経験する俳優業のなかで、歌丸のような師匠はいなかった。

遠くなる背中

わたしが「水戸黄門」に出演したのは佐野浅夫さんが黄門役を演じた一九九三年から二

〇〇〇年の第二十二部から二十八部のうち、最後の二十八部。デビューしたのは第二話の「小田原宿」篇。まぬけな旅の案内役「歌助」として登場する。

一番最初の収録は、最初にカメラで撮影したのちに、その動きに合わせてセリフのみを録音する形式だった。監督さんからも、「セリフはアフレコね」と言われていたが、その意味さえよくわかっていなかった。

「水戸黄門」で準レギュラーに抜擢されたことの幸運を理解し、撮影に臨む前にもっといろんな人に聞くなり、準備の仕方もあったはずだ。

ロケが済んで、スタジオへ戻り、シーンにセリフをかぶせていく。画面に映っている口の形と同じようにしゃべらないといけないから、これは至難の業だ。

あとから知ったのだが、「アフレコ」の仕組みさえ知っていれば口元をあまり見せないようなカメラ映りもあった。そんな映像がとれればあとからなんと話しても、セリフを乗せることができる。

セリフの収録はNGの連続。「アフレコ」の意味すらわからなかったわたしは、佐野浅夫さんをはじめ、共演した助さん役のあおい輝彦さん、格さん役の伊吹吾郎さん、スタッフのみなさんにだいぶ迷惑をかけた。

いま思うともっとチャンスを生かす方法はいくらでもあった。

見栄を張らずに撮影を最優先させれば出番も増えていたかもしれない。前もって準備をしていれば、演技も苦労せずに済んだかもしれない。

さらに、せっかくわたしを抜擢してくれたSプロデューサーには「芝居をしたことがない人間なので、セリフは少なくお願いします」なんてことまで言っていた。

わたしは第二話の小田原、八話の浜松、十一話の岡崎、十七話の京都篇の四話に出演した。だが、わたしが目玉として取り上げられたのは、最初に出演した小田原篇だけだった。

射程にとらえたはずの歌丸の背中が遠くなる。

淡き夢見し

歌丸は「笑点」という国民的な人気番組に出演し、自分の名前を売ることができる。自らの力で勝ち取ったとはいえ、私生活のことまでテレビで話題になる落語家は少ない。

そういう意味でわたしは「水戸黄門」の準レギュラーという役を引き当てた段階で、恵まれた落語家の仲間入りをする資格は十分にあったはずだ。

佐野浅夫さんが水戸黄門を演じた第二十八部全三十四話のなかで四回出演させてもらっている。準レギュラーとして複数回、出演したのはわたしだけだ。

真打として寄席や落語会などの営業で高座を務めるかたわら、「水戸黄門」の撮影でロケ地や太秦撮影所などを行ったり来たりする生活。わたしの人生は輝いていた。

そんな折、ニュースが飛び込んできた。

「佐野浅夫　ご隠居を隠居」

水戸黄門役の佐野浅夫さんが今回のシリーズをもって黄門さま役を退くというのだ。

わたしは考えた。「風車の弥七」役の中谷一郎さんは患っていて、あとはかげろうお銀の由美かおるさんと、柘植の飛猿の野村将希さん。黄門さま役が代わり、レギュラーメンバーの入れ替えがあるかもしれない。わたしは準レギュラー。来年はレギュラーの話が来るかもしれない。

高橋元太郎さんの「うっかり八兵衛」の向こうを張って「ちゃっかり歌助」なんてどうだろう。

佐野浅夫さんの「隠居」のニュースが出たその夜、夕食の席で女房に「ことによると来年は水戸黄門のレギュラーになれるかもしれない」。

夫が国民的スターになることを喜ばない女房はいない。

「まあ、本当？　うれしいわ」

レギュラーともなればまとまったお金も入ってくる。

女房は横浜市内で会社員を続けている。

「レギュラーになると半年間、ずっと太秦にいることになる」

「そんなに長いあいだ？」

「身の回りのこととか、スケジュール調整とかいろいろと必要になる。ギャラは上がるだろうが、そのためにマネージャーを雇うわけにもいかない。だからおまえ、仕事をやめてついてきてくれないか？」

もうすでに「ちゃっかり歌助」になった気分だ。

ところが、石坂浩二さんが黄門さまを演じた次のシリーズでわたしが呼ばれることはなかった。女房に「仕事をやめてくれ」と言ったのはこれが最初で、おそらく最後になるはずだ。

わたしは歌丸に追いつく千載一遇のチャンスを逃した。
一度は見えてきた歌丸の背中が、また遠くなってしまった。

最終幕

それから

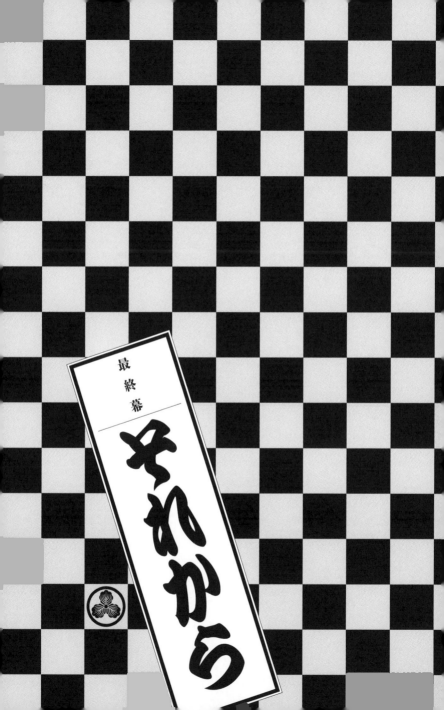

初心に返る

「水戸黄門」へのレギュラー出演がなくなり、歌丸と同じような全国区の落語家になるチャンスをひとつ失った。

だけど、わたしにはわたしのできることを一所懸命やるしかない。

それは日々、寄席や落語会に出て、そこに来てくれたお客さんを笑わせることだ。そして芸を磨き続けることだ。

「いつか師匠のようになりたい」と思って、落語家人生を歩んできた。「水戸黄門」に出ることで、それが叶うと思った。

でも、そうじゃない。

歌丸がテレビで人気者だから弟子入りしたわけじゃない。埋もれた噺に息を吹き返し、「落語」という芸を次の世に継承していく、そういう噺家としての姿に感銘を受けて、歌丸の門を叩いた。だとすれば、自分にできること、それは芸を磨き続け、ひとりでも多くのお客さんを笑わせることだ。
わたしは初心に返った。

認めてくれたのかもしれない

「水戸黄門」が終わった翌年から、再び東海道五十三次を歩くことになった。その年はちょうど東海道制定四百周年。それを記念して、再び五十三次の宿場で創作落語をやった。前回の真打披露のときとは違い、各宿場の四百年をお祝いするお祭りに呼んでもらうかたちだ。ひとつひとつの宿場を題材に、新たに落語をつくり、披露する。

そのときそのとき、来てくれるお客さんをどう笑わせるのか？　初心に返ったわたしは以前よりももっとそのことを考えながら、五十三もの会場をまわった。

それから数年後、歌丸と偶然東海道を歩く機会があった。

歌丸が神奈川県二宮《にのみや》のとある落語会に呼ばれ、わたしもおともをすることになった。

二宮は大磯《おおいそ》宿と小田原宿のあいだに位置し、「間《あい》の宿《しゅく》」という休憩用の宿として機能していた場所だ。東海道制定四百周年記念の際に、わたしも二宮で落語をやらせてもらった。

だが、歌丸と東海道を歩くというのは、わたしとしては気まずかった。

真意は定かではないが、勝手に東海道の旅に出たことが原因で、歌丸の怒りを買い、「人の道を踏みはずさないように」という口上までもらっていたからだ。

二宮の町を歌丸と歩く。駅から会場までのほんの短い時間だ。

「静かでいい町ですね」なんて世間話をする。

このまま何も言わないほうがいいのか……。でも東海道に来て、東海道五十三次落語のことを言わないのも不自然だ。

「あの……師匠、自分も東海道五十三次をまわっているときに、ここ二宮で落語をやりまして……」

おそるおそる、そう切り出してみる。

「そうか。どんなのをやったんだい」

旅落語の話題を出しても、歌丸は不機嫌にならなかった。怒りもしなかった。

わたしはそのときに演じた落語の内容を話した。

歌丸はうなずいて聞いてくれた。

東海道の旅をやるたびに怒っていたようなそぶりを見せた歌丸だが、一度ならず二度までも東海道を歩いているわたしの姿を見て、呆れたのか、それともほんの少しだけ認めてくれたのかもしれない。

「水戸黄門」の出演が終わってから二度目の東海道五十三次に出発。一度目の旅は真打になった直後で、「目立つ」とか「話題性を」といった趣旨が強かった。もちろん一つひとつの寄席は心を込めてやったけど、「水戸黄門」後、初心に返って出発した二度目の旅は「話題性」というよりも、芸そのものに重きを置いていたかもしれない。

歌丸はそんなわたしの変化を感じていたのかもしれない。


歌丸が二宮の会でやったのは、「城木屋」だった。この噺には東海道五十三次の宿場を列挙するシーンが出てくる。

もちろん歌丸は、二宮で開かれた会だったから、この地にゆかりのある「城木屋」をやっただけだ。わたしのために聴かせてくれたわけじゃない。お客さんのためだ。でも、東海道五十三次をまわっていたわたしにとって、この噺をこの東海道で聴けたことによって、歌丸とのわだかまりがなくなったような、歌丸から許してもらったような、そんな気持ちになった。

最大のほめ言葉

芸を磨き、お客さんを笑わせる。そのために、わたしは前座時代から日本舞踊を習っていた。「笑点」の振り付けなどを担当していた若柳禄寿《わかやぎろくじゅ》先生を歌丸に紹介してもらい、かれこれ三十年も続けている。

落語家がみな日本舞踊をやるわけではない。ただ、その身のこなしや所作は落語にも必ず生きる。落語のためにいろいろな芸をやってきたが、日本舞踊はとくに力を入れてきた。

歌丸も踊りが得意だ。若いころ、習い事のひとつとして日本舞踊をやっていたこともあった。以前は、よく軽妙な踊りを披露していた。槍を持った侍の勇壮な踊りから、「当てぶり」というコミカルなものまでこなし、拍手喝采を受けた。「笑点」の特番では、白鳥の格好をしてバレエを披露し、お茶の間を沸かせた。その振り付けをしたのが、禄寿先生だった。

ただ、歌丸が踊りを習ったり披露していたりしたのは若いころで、わたしが前座になったころには落語に専念し、お客さんに見せる機会はほとんどなくなっていた。

歌丸はわたしの踊りを高座でネタにして「ただいま歌助のラジオ体操をごらんにいれましたが……」なんて言うこともあったが、それでも高座でのわたしの踊りを長いこと見ていてくれたのだろう。

あるとき、歌丸から「わたしも緑寿先生のところに一緒に行くよ」と言われた。つまり、歌丸もわたしが習っている先生のところで習いたい、ということだ。

歌丸から「踊りがうまいね」とか「上達したね」とか言われたことはない。

一時期は、わたしが落語以外の芸ばかりに熱中していたから、心配していたようなふしもあった。

だから、歌丸の「先生のところに一緒に行くよ」という言葉は、わたしにとっては最大のほめ言葉だった。

その後、歌丸は三遊亭小遊三《こゆうざ》とともに緑寿先生のところにやってきて、熱心に踊りを習っていた。完成したら高座でやるつもりだったらしいが、残念ながらそのあと体調を崩したため、まだお客さんの前で披露していない。

余談だが、師匠と一緒に習いにきた小遊三、まだ一度も踊りを披露しているところを見たことがないのだが……。

師匠の背中

その踊りが縁となって、「水戸黄門」以来、久しぶりに時代劇に出演する機会があった。山本耕史さん主演のNHKドラマ「薄桜記《はくおうき》」の振り付けを担当していたのが、踊りを習っていた禄寿先生だった。ある役者さんの踊りのアシスト役として、急遽わたしが出演することになった。

もとの台本にはわたしの役はなかったが、せっかくなら、ということでセリフもつけてもらい「玉助」という役名までいただくことになった。

この「薄桜記」出演は「水戸黄門」のときのような正式な依頼によるものではなく、いわばいろいろなタイミングが重なって偶発的に決まったものだ。

それでも、わたしとしては長いこと力を入れ、歌丸にも認めてもらった日本舞踊が縁となって「薄桜記」のような本格的な時代劇に出演できたことは、長年がんばってきた自分へのご褒美のような気もしていた。

ただ、わたしはあくまで偶然の出演だったから、歌丸にはとくに報告もしていなかった。

だが、たまたま放送直後、用事があり歌丸の家に行くと、「見たよ」と一言。

なんのことだかわからず「何を見たんですか」と聞き返すと、「『薄桜記』だよ」。

「水戸黄門」のとき、放送が始まってからは歌丸からはなんの反応もなかった。「良い」とも「悪い」とも「見たよ」とも「見てないよ」とも言われなかった。

なんで歌丸は何も言わないのだろう、と思っていた。

でもあのときは、ほかの師匠や友人からも「見たよ」とか「よかったね」なんて言われ、わたしは少し有頂天になっていたのかもしれない。そして、歌丸はそれをわかっていたのかもしれない。

今回のドラマ出演は、誰にも知らせなかった。ほとんど何も言われなかった。でも、歌丸だけは「見たよ」と言ってくれた。偶然とはいえ「水戸黄門」以来、初心に返って落語や踊りをひたむきにやってきた結果、この出演があったとも言えなくもない。歌丸はそれも考えたうえで「見たよ」と言ってくれたのかもしれない。

あくまで、ぜんぶわたしの推測だ。でもそんな気がしてならない。歌丸はそういう師匠なのだ。口には出さない、多くは語らない。でも陰でわたしたち弟子のことをいつも見ていてくれるのだ。

二ッ目時代、自分の仕事は自分で探す、と歌丸に反発していた時期があった。歌丸は陰で兄弟弟子たちに「あいつはちゃんと食えているのか？」と聞いていたそうだ。

わたしはいつも、そのことに気がつかない。あとから考えて気がつくのだ。

アパートの家賃を持ってくれたことも、着物をこしらえてくれたことも、赤飯を炊いてくれたことも、あとから気がついた。それが歌丸の愛情だってことに。

わたしが歌丸にできる最大の恩返しはなんだろうと考える。

結論は同じだ。芸を磨くこと、そしてその芸を次の世に残すことだ。歌丸の愛情はわたしを甘やかすためのものじゃない、ぜんぶ芸のためのものだった。

歌丸の背中は遠い。

わたしが入門したとき、歌丸は四十八歳だった。わたしはすでにその年齢を超えた。でも、そのころの歌丸に到底かなう気はしない。

それでもわたしは追いかけ続ける。少しでもその背中に近づけるように。

おわりに

真打に昇進して二〇一九年でまる二十年になる。

ずっと歌丸との師弟の物語を残したいと思っていたのだが、周囲の勧めもあって少しずつ書き始めたのが二〇一七年八月。しばらくして原稿がたまったところで、歌丸に「師匠との話を書いて本にしたいと思っています」と話したら、快く許してくれた。

だがそれから歌丸は入退院をくり返すことになる。

噺のまくらで、「師匠の趣味は入院で、特技は退院」などとやっているが、病床に伏している歌丸を見舞って、二〇一七年末ごろから内心では「シャレにならないなあ」と思うようになってきた。ただでさえ痩せているのに、さらに痩せて、酸素吸入器が手放せなくなった。

だが歌丸はまるで不死鳥のようによみがえった。

落語にかける執念がそうさせるのか、二〇一八年四月には国立演芸場のトリをとって「小間物屋政談」を演じた。四十分を超える噺だ。酸素吸入器をつけたままでも、滑舌とテンポが良い歌丸節は健在。歌丸目当ての客で会場は連日、満員になった。

だが、そのあとすぐに再び入院することになった。どうなることかと心配したが、すぐに体調は落ち着いた。驚異的な気力と体力で持ち直したのだ。この本が出版されるころには、退院しているに違いない。

なぜ歌丸は何度も復活するのか。それはひとえに「再び高座で落語をやりたい」という執念だけだと思う。死に神も追い返すほど歌丸の落語に対する思いは強い。これはどんな落語家でもかなわないだろう。

弟子から見れば歌丸は「落語病」だと言える。それも重度の、だ。寝ても冷めても落語のことしか頭にない。病室の枕元に置いてあるのは、落語の祖、三遊亭圓朝全集であり、録音を聴くためのカセットテープだ。

見舞いに行くと誰々の落語をこういう風に演じてみたいなど、芸のことばかりだ。芸の虫、「落語病」に取りつかれている。身体は衰えても気持ちは真っ直ぐに進んでいる。

わたしはいま「一日一席」を目標に、いまは年間三百席くらい高座をつとめている。地元の横浜では年に二回、「横浜にぎわい座」で独演会をやる。二ツ目時代から続いている地域寄席、ほかに毎月一回、上野広小路亭《ひろこうじてい》で「一笑会」を開いている。これは主にネタ卸で、勉強を兼ねての会。ほかにファンの方と東海道を歩いてから一席やる「東海道五十三次一宿一席宿場寄席」から続いている「東海道先達寄席」も継続中だ。

二〇一八年五月にはこんなことがあった。

国際NGO「マラリア・ノーモア・ジャパン」から第五回ゼロマラリア賞をいただく栄誉を得た。国際機関に勤める知人から「マラリア・ノーモア・ジャパン」スタッフのNさんを紹介され「マラリア撲滅のために行うイベントで落語を……」と言われた。マラリアは蚊を介して感染が広がる。蚊を題材にした落語を……と狂言を題材にした「蚊相撲」ともともとある落語「蚊戦《いくさ》」を合わせた落語を演じたところ、好評だった。そんなわけで受賞となったわけだが、おかげさまでわたしを応援してくれる方が、このようなチャンスも運んでくださる。

これまでのわたしがあるのは、まわりの方々のおかげである。

師匠をしくじったとき、そのあいだに入って首をつないでいただき、何くれとなく気の利かないわたしを面倒みてくれた師匠のおかみさん、お嬢さん、八城均様、本を書くにあたりご協力いただいた青野之映様、桂歌若様、格別のご配慮を頂いた笠原然朗様、佐野千恵美様、すべてに感謝を申しあげたい。

だが、もとをただせばわたしを落語家にしてくれたのは師匠・歌丸。すべては歌丸から続くご縁だと思っている。

よく人に言う。「私の首から下は両親がつくってくれた。首から上は師匠だ」と。

二〇一八年六月

桂 歌助

著者紹介

桂 歌助

かつら・うたすけ

一九六二年九月十九日、新潟県十日町市生まれ。神奈川県横浜市在住。五人兄弟の三男。高校時代は甲子園をめざし、練習にあけくれるも、あと三歩のところで涙をのむ。ポジションはセカンド。一九八七年東京理科大学卒業。大学在学中の一九八五年十二月、師匠歌丸に入門し、歌児となる。一九八六年五月、前座になる。一九九〇年六月、二ッ目に昇進、歌助に改名。一九九九年五月、真打昇進。古典落語を中心に活動。二〇〇〇年、TBSテレビ「水戸黄門」に準レギュラー出演。二〇一三年、NHK総合テレビの時代劇「薄桜記」に出演。舞台役者として、一九九五年、新宿コマ劇場「細川たかし公演」に出演。二〇一二年より三越劇場「春秋男組」にレギュラー出演中。二〇一八年、国際NGOマラリア・ノーモア・ジャパン「第五回ゼロマラリア賞」受賞。年間三百席を目標に各所で高座をつとめている。

カバー写真……………須田卓馬
二頁目写真……………高寺久里子
ブックデザイン………HOLON
本文DTP……………松井和彌

師《し》匠《しょう》　歌《うた》丸《まる》
背中《せなか》を追《お》い続《つづ》けた三十二年《さんじゅうにねん》

二〇一八年七月二四日　第一刷発行

著　者　桂歌助《かつらうたすけ》
編集協力　原　朗
編　集　佐野千恵美
発行人　永田和泉
発行所　株式会社イースト・プレス
〒一〇一-〇〇五一
東京都千代田区神田神保町二-四-七　久月神田ビル
電話：〇三-五二一三-四七〇〇　ファクシミリ：〇三-五二一三-四七〇一
印刷所　中央精版印刷株式会社

ISBN978-4-7816-1693-3 C0095

イースト・プレスの人文・ノンフィクション
Twitter:@EastPress_Biz
Facebook:http://www.facebook.com/eastpress.biz